Laufen in
Hamburg

Laufen in Hamburg

Der Autor:

Til Steinmeier, Dr. med., betreibt eine der größten Hamburger Sportarztpraxen in den Colonnaden 51 im Herzen der Hansestadt und gilt in Läuferkreisen als der Hamburger Läuferarzt. Er ist Leiter des sportmedizinischen Zentrums Hamburg »Fit imPuls« in den Colonnaden 51.

Seine Leidenschaft gilt dem Entdecken neuer Wege und neuer Ideen: zunächst entdeckte er laufend die Welt durch Marathonläufe in der Mittsommernacht am Nordkap in Nordnorwegen, über die chinesische Mauer, beim New-York-Marathon, im winterlichen Sibirien, auf dem Dach der Welt im Himalaja, im lieblichen Südafrika, wo Laufen der Volkssport Nr. 1 ist, sowie beim härtesten Marathon der Welt, dem 243-Kilometer-Ultrarennen durch die Sahara.

Da es nicht nur im Rest der Welt packende und begeisternde Laufstrecken gibt, machte er sich auf die Suche nach neuen Wegen in seiner Heimat und entdeckte dabei Erstaunliches: eine faszinierende Vielfalt an interessanten, abwechslungsreichen, aufregenden sowie erstaunlicherweise bisher wenig bekannten Laufstrecken in Hamburg.

Danksagungen des Autors:

Mein Dank gebührt der anregenden und sehr guten Hilfe der Mitarbeiter der Hamburger Stadtentwicklungsbehörde.

Hier seien namentlich genannt der unermüdliche Marathonläufer Herr Konrad Schwarz (Mitglied im 100-Marathon-Club), bei den Informationen zum Hamburger Grünen Ring Frau Dr. Britta Kellermann, bei der Vermessung der Streckenlängen Frau Gabi Naujacks und natürlich gilt auch mein Dank der freundlichen Unterstützung des lauffreudigen Amtsleiters Herrn Joachim Malecki!

Ganz besonders möchte ich Frau Liselott Conrad für ihre aufmerksamen Korrekturen danken und natürlich Strubb, der Bärin, die mich auf allen Laufstrecken begleitete.

ISBN: 3-89787-261-7

Wichtiger Hinweis:

Die Erstellung der in diesem Buch beschriebenen Strecken und Hinweise erfolgt nach bestem Wissen und Gewissen. Die Benutzung der Strecken erfolgt auf eigenes Risiko. Eine Haftung für etwaige Unfälle oder Schäden jeglicher Art wird aus keinem Rechtsgrund übernommen.

Bildnachweis: Dr. Til Steinmeier; Silja Dieregsweiler; Jutta Metzger-Brewka

Typographische Beratung: Martin Veicht

© 2002 Lauf- und Ausdauersportverlag/Dr. Siegfried Brewka, Müllerstr. 21, 93059 Regensburg, Tel (09 41) 8 30 52-40, Fax (09 41) 8 30 52-42, E-Mail info@las-verlag.com

Inhalt

leicht ● ● ● mittel ● ● ● schwer

Inhalt/Legende

Legende

⌒ Laufstrecke ■■■■ Bahn ▪ ▪ ▪ ▪ Pfad ✝ Kirche

▬ Wald ▬ Straße P Parkplatz ⌣ Brücke

▬ Grünfläche 〜 Weg ⌂ Gebäude

Laufstrecken-Übersicht

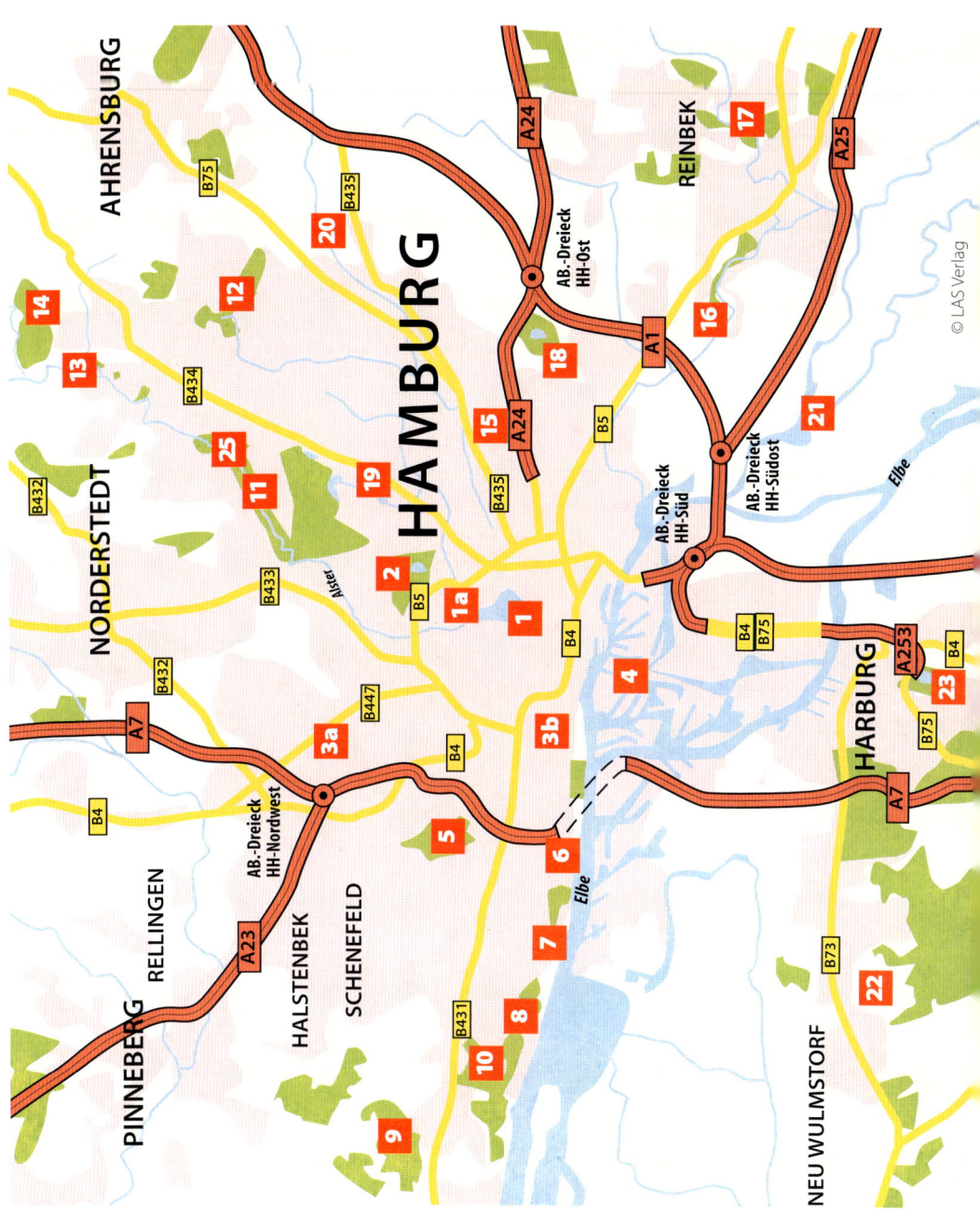

© LAS Verlag

Vorwort

Entdecken Sie neue Wege und Möglichkeiten, oder:
Fit fürs Leben mit Hamburger Laufstrecken

Dieses Buch ist ein Muss für jeden Läufer in Hamburg. Es entspricht dem Bedürfnis des Menschen nach Anregung und frischen Ideen.

Machen Sie aus Ihrem Bewegungsdrang eine vielfältige Erlebnis- und Entdeckungsreise durch die schönsten und interessantesten Gebiete der Weltstadt Hamburg. Erleben Sie eine »tour d'horizon« durch die Vielfalt und den einmaligen Abwechslungsreichtum an wirklich guten Laufstrecken in ganz Hamburg. Bleiben Sie nicht stehen auf den Strecken, die Sie sowieso schon kennen und immer wieder laufen. Entdecken Sie neue Wege. Erweitern Sie Ihren Horizont. Auf zu neuen Ufern in der wasserreichsten Stadt Deutschlands. Nutzen Sie dieses Buch als Lustmacher und Guide zu den interessantesten, bemerkenswertesten und besten Laufstrecken auf dem Hamburger Kontinent.

Entdeckungsreise durch das Tor zur Welt, oder:
Warum man ein Leben lang laufen sollte –
erst recht, wenn man in Hamburg lebt

Hamburg ist die grünste Großstadt in Deutschland. Daher sind in Hamburg geradezu zahllose Laufstrecken entstanden, ein wahres Paradies für Anfänger wie erfahrene Läufer. Über 200 Parks bilden eine öffentliche Grünfläche von 4900 Hektar und machen damit Hamburg zur grünen Hauptstadt Europas. Die große Anzahl interessanter und guter Laufstrecken garantiert jedem Läufer einmalig abwechslungsreiche Möglichkeiten, die nicht einen Hauch von Langeweile oder Routine aufkommen lassen.

Das Geflecht der zahlreichen Wander- und Laufwege in Hamburg lässt viele der hier beschriebenen Laufstrecken gut miteinander verbinden. Auch für viele Läufer, die Hamburgs Laufstrecken bereits gut kennen, gibt es zahlreiche neue Möglichkeiten und immer wieder interessante

Überraschungen. Man muss nur einmal von ihnen gehört haben und sich auf »neue Wege« einlassen.

Laufen in Hamburg bedeutet nicht Monotonie, sondern vielmehr das, was jedes gute Training sein sollte: Abwechslungsreichtum und Spannung!

Hamburg bietet den Läufern auf engstem Raum eine einzigartige Vielfalt verschiedener Landschaften: Marschlandschaften, Heidelandschaften, Dünenlandschaften, Knicklandschaften der Geest, Flusslandschaften, Waldlandschaften, Moorlandschaften, Parklandschaften, Industrielandschaften und natürlich Stadtlandschaften; plattes wie hügeliges Land; idyllische Naturräume und bunte, lebendige Stadtteile. Ein unmittelbares Nebeneinander von Natur- und Kulturlandschaften.

Laufen auf Asphalt- oder gepflegten Waldwegen oder auf Cross-Strecken durch die unterschiedlichsten Naturlandschaften: hier ist alles möglich. Dieser Führer durch Hamburgs Laufstrecken versteht sich als Anregung zur Entdeckung neuer und unbekannter Strecken.

Und Hamburg hält noch eine Überraschung parat: Die Stadt liegt im Bereich der Küstenwinde der Nordsee, wodurch auch im Sommer bei schönstem Wetter weit niedrigere Smogwerte gemessen werden als in allen anderen deutschen Städten.

So finden die Läufer Hamburg derart ideale Bedingungen vor, dass man sagen muss: Wer hier nicht läuft, ist selber schuld.

Das Hamburger Laufwunder:
Wie Hamburg zur Marathonhauptstadt Deutschlands wurde

Keine Stadt in Deutschland bietet den Marathonis so viele Laufveranstaltungen an wie Hamburg. Hier ist der in Deutschland einmalige 100-Marathon-Club ansässig, der Mitglieder mit mindestens 100 offiziell absolvierten Marathonläufen aufnimmt. Ein Mitglied des 100-Marathon-Clubs steht bereits im Guinness-Buch der Rekorde: Horst Preisler, der bis zum Jahre 2002 an über 1120 offiziellen Marathons teilgenommen hat, und natürlich immer noch fleißig weiter läuft. Aber auch andere Mitglieder haben bereits weit über 100 Marathons in den Beinen wie Hans-Joachim Meyer (692 Marathons bis zum 06.09.2002) oder Dr. Christian Hottas (627 Marathons bis zum 06.09.2002). Der 100-Marathon Club veranstaltet etwa 50–60 Marathons pro Jahr, davon allein 12 Marathons an 12 aufeinander folgenden Tagen um die Jahreswende an den Volksdorfer Teichwiesen, die 16 und ein Drittel Mal zu umrunden sind. Zudem werden in der Berner Laufserie an jedem Veranstaltungstag auch ein Marathon angeboten. Etwas ungewöhnliches und einmaliges und von unheilbaren Marathon-Freaks gern besuchtes Ereignis ist der Elbtunnel-Marathon, der jährlich am letzten Sonntag im Januar im alten Elbtunnel zwischen den Landungsbrücken und der Elbinsel Steinwerder stattfindet. Hier werden 48 Runden in dem alten Gemäuer unter der Elbe zurückgelegt. Im April folgt dann einer der größten deutschen Marathons, der Hanse-Marathon, der ab dem Jahr 2003 Olympus-Marathon heißen wird. Im Oktober 2002 wird Hamburg zum ersten Mal neben dem Hanse-Marathon seinen zweiten großen Volksmarathon erleben, den Fit-imPuls-Marathon durch das Alstertal.

Shops rund um das Laufen
Shops in Hamburg (spezialisiert auf Laufen)

Shop	Adresse		Telefon
International Sports Trading GmbH	Bergstr. 26	20095 Hamburg	(040)326864
Kirsch Sport & Freizeit	Lührsweg 8	21217 Seevetal	(040)7683399
Kribic Sport GmbH	Hoheluftchaussee 2	20253 Hamburg	(040)4200516
Laufwerk	Hoheluftchaussee 42	20253 Hamburg	(040)2780 8777
Lunge Sportschuhexperten	Lämmersieth 1	22305 Hamburg	(040)297728
Lunge Sportschuhexperten	Hermannstr. 15	20095 Hamburg	(040)321430
Lunge Sportschuhexperten	Colonnaden 18	20354 Hamburg	(040)35713300
Michael's Sportshop Inh. Kai Uwe Schacht	Schloostr. 10	21129 Hamburg	(040)74213857
Niendorfer Laufladen Kühnel	Tibarg 56	22459 Hamburg	(040)5522798
Raywood's Sportshop	Bramfelder Chaussee 296	22177 Hamburg	(040)64202626
Raywood's Sportshop	Berner Heerweg 173–175	22159 Hamburg	(040)64531769
Sportteam Augath	Schlossmühlendamm 19	21073 Hamburg	(040)30 39 4858

Shops in Hamburg (die fast alles haben)

Shop	Adresse		Telefon
Holsteinsport	Blankeneser Bahnhofstr. 22	22587 Hamburg	(040)864164
Karstadtsport	Mönckebergstr. 2	20095 Hamburg	(040)3094-0
KBS-Sport	Lornsenstr. 86	22869 Schenefeld	(040)83099223
Sport ABC Werner Borowski	Alte Holstenstr. 44	21031 Hamburg	(040)7211006
Sport Claussen GmbH	Claus-Ferck-Str. 8	22359 Hamburg	(040)60912050

Sport Herrmann & Lutz OHG	Tibarg 39	22459 Hamburg	(040)583176
Sport Sander GmbH	Harburger Ring 31	21073 Hamburg	(040)772949
Sport Sperk GmbH & Co. KG	EKZ Alstertal	22391 Hamburg	(040)6024499
Sport Voswinkel GmbH & Co. KG	Billstedter Platz 28	22111 Hamburg	(040)73670211
Sport-Glume	Groot Enn 4	21149 Hamburg	(040)7017330
Sport-Scheck GmbH	Mönckebergstr. 18	20095 Hamburg	(040)302980
Sport-Schuster	Eppendorfer Landstr. 7	20249 Hamburg	(040)4602220
Sporthaus Johannsen	Veringstr. 47	21107 Hamburg	(040)758979
Sporthaus Uhlenhorst	Mundsburger Damm 29-31	22087 Hamburg	(040)222211
Sporthütte	Mönckebergstr. 22	20095 Hamburg	(040)3232010
Sportkaap	Gänsemarkt 50	20354 Hamburg	(040)35749188
Sporttausch (An-/ Verkauf)	Eppendorfer Marktplatz 15	20251 Hamburg	(040)488837
Sportwelt Schenefeld	Holzkoppel 2	22869 Schenefeld	(040)83909393

Laufwettkämpfe in Hamburg

Die Läuferszene hat sich ihre entsprechenden Wettkämpfe geschaffen:

- Um die Jahreswende: die Marathonserie des 100-Marathon-Clubs um die Volksdorfer Teichwiesen
- Januar: der Lümmelauf in Ahrensburg (19,3 km) und der vom 100-Marathon-Club ausgerichtete Marathon im alten Elbtunnel (letztes Januar-Wochenende)
- Anschließend der Ultramarathon über 75 km von der Lübecker City zur Hamburger Alster
- April: der Hansemarathon, zu dem die Weltelite herbeieilt
- Juni: der Stadtpark-Cup als Halbmarathon im Juni
- Der 3-teilige Hamburg-Cup im September beginnend mit dem Alsterlauf (10 km), dem Lufthansa-Airport-Race über 16 km zwei Wochen später und dem Halbmarathon im Alstertal wiederum 2 Wochen später.
- Ab dem Jahr 2002 findet im Oktober ein zweiter Hamburg-Marathon durch das wilde Alstertal, eine Gemeinschaftsproduktion des Hamburger »Laufwerks« und Til Steinmeiers »Sportmedizinschem Zentrum Hamburg«, statt.
- Die offizielle Laufserie wird beendet mit dem 25-km-Quickborner Stra-

ßenlauf, etwa 15 km nordwestlich von Hamburg.

– Der Ratzeburger Adventslauf, der stets am 1. Adventswochenende statt-findet, ist ein krönender Saison-Abschluss rund um den Ratzeburger See (26 km).

– Zudem gibt es die Winter-Cross-Laufserie der Betriebssportmannschaf-ten mit insgesamt 17 Terminen über den Winter verteilt.

Termine des Betriebssportverbandes (BSV) im Winter:

Monat	Lauf	Ort
Anfang Oktober	Meisterschaften 10-km-Straßenlauf	Speicherstadt
Mitte Oktober	Werfertag Allianz (Werferserie)	Allianz-Sportplatz
Ende Oktober	Crosslauf Iduna	Horner Rennbahn
Anfang November	Süderelbe Halbmarathon und 10-km-Francoper Straße (www.lghnf.de)	
Mitte November	Werfertag Iduna (Werferserie)	Allianz-Sportplatz
Mitte–Ende November	25-km-Lauf Quickborn	Quickborn
Ende November	Waldlauf RWE-DEA	Volkspark
Mitte Dezember	Stadtpark-Abendlauf HM	Stadtpark
Anfang Januar	Waldlauf Iduna	Volkspark
Mitte Januar	Werfertag Allianz (Werferserie)	Allianz-Sportplatz
Ende Januar	Crosslauf FA Blankenese	Sülldorf Kiesgrube
Anfang Februar	Waldlauf Feuerwehr (Meisterschaft)	Tangstedter Forst
Mitte Februar	Werfertag Iduna (Werferserie)	Allianz-Sportplatz
Ende Februar	Crosslauf Allianz	Bergedorfer Gehölz
Mitte März	Werfertag HEW (Werferserie)	Allianz-Sportplatz
Anfang April	Waldlauf Philips	Niendorfer Gehege
Mitte April	Werfertag HEW (Werferserie)	Allianz-Sportplatz

Angeboten werden jeweils Läufe über die Kurz- (3–5 km), Mittel- (5–7 km) und Langstrecke (8–12 km). Die fünf besten Ergebnisse der Saison ergeben am Ende die Serienwertung. (Um in die Serienwertung zu gelangen, müs-sen also mindestens fünf Läufe einer Strecke erfolgreich bestritten werden). Es wird nach Punkten gewertet, das heißt nach den erreichten Platzierungen in der Altersklasse.

Der Meisterschaftslauf wird, im Gegensatz zu früher, innerhalb der Serie ausgetragen. Das heißt, ein Lauf ist gleichzeitig Meisterschafts- und Serienlauf und die Ergebnisse dieses Laufes können auch in die Serienwertung eingebracht werden. Eine Meisterschaftsqualifikation ist nicht erforderlich!

Grundsätzlich gilt:

– Die Startnummern gelten für die 10-km-Straßenlaufmeisterschaften, alle acht Crossläufe und die Halbmarathonmeisterschaften. Also bitte sorgfältig aufbewahren! Die Nummern finden Sie in den Ordnercontainern, die bei allen Läufen im Start-/Zielbereich aufgestellt sind.

– Ein Championchip ist zur Zeiterfassung unbedingt notwendig.

– Bei den Veranstaltungen wird Tee ausgeschenkt. Aus Umweltschutzgründen sind eigene Teebecher mitzubringen.

– Startberechtigt sind alle Mitglieder von Betriebssportgemeinschaften, die dem BSV (Betriebssportverband) Hamburg angeschlossen sind und im Besitz eines gültigen LA-Startpasses sind.

Homepages zum Thema »Laufen in Hamburg«

Sportmedizinische Betreuung:

www.fit-im-puls.de (Gesundheit, Fitness, Sportdiagnostik, Leistungsdiagnostik)

www.sportandfood.de

Laufinfos:

www.alstermarathon.de

www.lt-alstertal.de

www.laufwerk-hamburg.de

www.lunge.com

www.marathon-hamburg.de

www.airportrace-hamburg.de

www.lghnf.de

www.alsterlauf-hamburg.de

www.bsg-ndr.de

www.100marathon-club.de

www.power-lauf.de

Alle offiziellen Lauftermine in Hamburg und weiterer Umgebung findet man in:

»Der Volkssportler«, zu beziehen in allen Laufgeschäften für EUR 1,--.
»Laufen in Hamburg« (präsentiert vom Hanse-Marathon-Hamburg)
»Volkslaufkalender« des DLV (Deutscher Leichtathletik-Verband)

Bahntraining in Hamburg

Hamburgs interessanteste Stadien für das Bahntraining für jedermann:

Hamburger Osten:
- Hammer Park am Hammer Steindamm in Hamm
- Glinde Nord, Am Sportplatz in Glinde
- Sportplatz Oelmühlenstr./Ahrenburger Straße im Fischerspark
- Sportplatz Am Pfingstberg in Bergedorf (s. Laufstrecke am Bergedorfer Gehölz und Reinbeker Krähenwald)

Hamburg Mitte:
- Jahnkampfbahn am Westende des Stadtpark (Linné-Ring) (s. Laufstrecke Stadtpark)
- Sportplatz der Uni, zwischen Mollerstraße und Rothenbaumchaussee
- Sternschanzenstadion

Im Süden:
- Am Opferberg (früher: Am Scheinberg), Cuxhavener Straße in Neugraben (s. Laufstrecke Fischbeker Heide)
- Sportplatz Außenmühlendamm in Harburg (s. Laufstrecke Harburger Außenmühlenteich)
- Sportplatz Otto-Brenner-Str./Ecke Kirchdorferstr. in Wilhelmsburg

Im Westen:
- Allianzsportplatz Lokstedter Steinweg
- Sportplatz Stellingen, Am Sportplatzring
- Sportplatz Quellental in Nienstedten, Quellental
- Elbestadion in Wedel

Im Norden
- Sportplatz Sachsenweg in Niendorf
- Sportplatz Alsterredder/Petunienweg in Poppenbüttel
- Sportplatz Waldredder am Volksdorfer Museumsdorf

Neue Horizonte für Läufer

Laufen macht schön +++ Laufen macht gesund +++ Laufen macht glücklich +++ Laufen tut gut +++ Laufen gibt neue Ideen +++ Laufen macht schlau +++ Laufen macht frei +++ Laufen schafft neue Horizonte +++ Laufen macht schlank +++ Laufen macht beweglich +++ Laufen bringt auf Trab +++ Laufen schafft Energie +++ Laufen macht frisch +++ Laufen macht ausgeglichen +++ Laufen macht leistungsfähig +++ Laufen macht Spaß +++ Laufen schafft Wohlbefinden +++

Kurze Hinweise zur Trainingslehre: herzfrequenzgesteuertes Training

Haben Sie eine Herzfrequenzuhr? +++ Können Sie damit sinnvoll umgehen? +++ Was ist herzfrequenzgesteuertes Training? +++ Wie funktioniert es? +++ Und wie funktioniert es nicht? +++

Sehr viele Läufer haben inzwischen Uhren, mit denen sie beim Laufen ihre Herzfrequenz messen können. Es gibt verschiedene Ansätze, das Training im Bereich bestimmter persönlicher Herzfrequenzen effektiver zu gestalten. Einige davon sind durchaus brauchbar, die meisten bekannten „Faustregeln" funktionieren jedoch nicht in der Praxis.

Immer wieder hört man von der Faustregel, dass die Zahl 220 minus dem jeweiligen Lebensalter die maximale Herzfrequenz sei. Meiner Erfahrung nach stimmt diese Regel in etwa 25% der Fälle, ansonsten ist sie nicht zutreffend. Die individuelle maximale Herzfrequenz variiert enorm. Bei etwa 40-jährigen Menschen bewegt sie sich üblicherweise in einer Breite von 170 – 210 Schlägen/min.

Wir haben in unserer Praxis zwei durchaus vergleichbare Spitzenmarathonläufer (gleiche Marathonzeit, gleiche Körpergröße und Gewicht) untersucht: Der eine erreichte eine maximale Herzfrequenz von 167/min, der andere 204/min. Bei identischer Leistung! Interessant dabei ist, dass die maximale Herzfrequenz selbst keine Aussage über die Leistungsfähigkeit und Gesundheit des Herzens liefert.

Auch liest und hört man immer wieder, dass die individuelle anaerobe Schwelle bei etwa 90% der maximalen Herzfrequenz liege. Sorgfältige Untersuchungen der Laktatwerte und der Atemgase ließen uns immer wieder feststellen, dass auch diese Regel nicht brauchbar ist. Bei unseren Untersuchungen variierte die individuelle anaerobe Schwelle zwischen 78 und 93% der maximalen Herzfrequenz.

Mit diesen Erfahrungen betrachtet ist es in aller Regel schlicht falsch, die individuelle anaerobe Schwelle pauschal im Bereich von 10% unterhalb der maximalen Herzfrequenz anzusiedeln und dementsprechend Trainingsregeln abzuleiten. Auch die Regel nach Conconi, dass an dem Punkt, wo sich die Zunahme der ansteigenden Herzfrequenz plötzlich abflacht, die individuell anaerobe Schwelle läge, ist ziemlich umstritten.

In vielen Zeitschriften und Publikationen liest man immer wieder, dass man idealerweise mit einer Herzfrequenz zwischen 130 und 140/min trainieren solle. Diese pauschale Empfehlung ist ungefähr genauso wertvoll, als würde man allen Läufern Schuhgröße 42 geben und meinen, nun seien alle Läufer gut bedient.

Außerdem ist die maximale Herzfrequenz auch noch abhängig von der Tagesform: An manchen Tagen können wir uns mehr anstrengen als an anderen Tagen, unsere Adrenalinwerte (und Noradrenalinwerte) und auch andere Stress- und Sexualhormone schwanken von Tag zu Tag, unsere Schilddrüse ist manchmal aktiver als an anderen Tagen.

Zudem erreicht man je nach Sportart unterschiedliche hohe maximale Herzfrequenzen: In Lehrbücher erfährt man immer wieder, dass die maximale Herzfrequenz beim Radfahren etwa 7% geringer sei als beim Laufen, da beim Radfahren das Körpergewicht vom Rad getragen würde, während der Läufer sein Körpergewicht selbst tragen muss. In der täglichen Praxis hat sich diese Lehrbuchmeinung nicht bestätigt: In einigen Fällen stimmt diese Regel, in den meisten Fällen stimmt sie jedoch nicht. Oft haben wir sogar bei ein und demselben Sportler höhere Herzfrequenzen beim Radfahren gesehen als beim Laufen.

Ein weiteres Phänomen: Die Körpertemperatur steigt während des Laufens deutlich an. Angenommen, die Körperkerntemperatur eines Marathonläufer beträgt beim Start 37 Grad Celsius, so kann er im Ziel durchaus (je nach Wetter und Bekleidung) eine Körperkerntemperatur von 40 Grad Celsius erreichen. Dies bedingt auch eine kontinuierliche Steigerung der Herzfrequenz, die auch temperaturabhängig ist.

Bei sehr langen Ausdauerläufen beobachten wir zu einem späteren Zeitpunkt (ab etwa 4–5 Stunden Ausdauertätigkeit) auch das Phänomen des Abnehmens der Herzfrequenz. Wie dieses Phänomen zu deuten ist, ist bisher unklar.

Dennoch kann sich das herzfrequenzgesteuerte Training als hocheffektiv erweisen, wenn man sich mit ein paar grundsätzlichen Regeln vertraut macht und sie dann auch beachtet: Herzfrequenzen sind, wie wir eben gesehen haben, individuell enorm unterschiedlich. Herzfrequenzen sind ebenso individuell angelegt wie auch andere konstitutionelle Erbanlagen des Menschen wie Körpergröße, Augenfarbe, Schuhgröße, Haarfarbe. Auch das Verhältnis von schnellen zu langsamen Muskeln variiert bei jedem einzelnen Menschen vererbungsbedingt ganz erheblich.

Was können wir also tun, um das Problem zu lösen?

Wer sinnvoll und tatsächlich effektiv herzfrequenzgesteuert trainieren möchte, muss seine individuelle anaerobe Schwelle bestimmen lassen: und zwar nicht nur mit Hilfe des Laktats, sondern gleichzeitig mit Hilfe der Atemgase. Nur auf diese Weise lassen sich wirklich zuverlässige Werte ermitteln, anhand derer man tatsächlich effektive Trainingsbereiche festlegen kann, und zugleich eine Übersäuerung des Körpers vermeidet.

Die Bestimmung der Atemgase hat noch einen weiteren wesentlichen Vorteil: anhand des Verhältnisses des eingeatmeten Sauerstoffs (O_2) zum abgeatmeten Kohlendioxid (CO_2) lässt sich sehr genau bestimmen, wie weit der Läufer seinen Fettstoffwechsel aktiviert. Im Ausdauersport ist die Aktivierung des Fettstoffwechsels von höchster Bedeutung.

Abgesehen davon, dass auch sehr viele Läufer den angenehmen Effekt der Fettverbrennung möglichst intensiv nutzen möchten, sollte man Folgendes wissen: Sehr gute Marathonläufer verbrennen bei der Energiegewinnung zu etwa 80 % Fette und nur zu etwa 20 % Kohlenhydrate. Bei eher untrainierten Marathonläufern sieht diese Verhältnis genau umgekehrt aus: etwa 20 % Fettverbrennung und etwa 80 % Kohlenhydratverbrennung.

Angenommen, man nimmt bei einem Marathonlauf nicht bereits ab Kilometer 5 ganz regelmäßig Kohlenhydrate zu sich, dann ist der Kohlenhydratspeicher spätestens bei Kilometer 35 vollkommen verbraucht. Da der Körper jedoch unbedingt einen gewissen Anteil an Kohlenhydraten verbrennen muss, baut er in seiner Not Muskeleiweiße zu verbrennbaren Kohlenhydraten um. So betreibt eine größere Anzahl von Marathonläufern aktiven Muskelabbau. Diese Marathoni erzählen, wenn sie später mit letzter Kraft ins Ziel gekrochen kommen, dass sie zwischen Kilometer 30 und 35 »gegen eine Wand gelaufen seien« oder »es sei der Mann mit dem Hammer gekommen« und sie hätten nicht mehr weiter gekonnt.

Fit imPuls

Was ist Fit imPuls?

Der wichtigste Rohstoff für Ihr Wohlbefinden sind Energie und Gesundheit. Der wichtigste Rohstoff für Ihren sportlichen Erfolg ist die richtige Fitness. Wohlgemerkt: die richtige Fitness.

Fit imPuls ist ein Verbund aus Sportärzten, Physiotherapeuten und Ernährungsberatern. Wir untersuchen Ihre Gesundheit, Ihre Fitness, Ihr sportliches Potential und Ihre Leistungsfähigkeit. Wir untersuchen und beraten alle Laufsportler, Radsportler, Schwimmer, Triathleten und alle, die gerne etwas bewegen: sich selbst und auch andere.

Läufer betreuen Läufer.

Vom Einsteiger bis zum Profi.

Wir sagen Ihnen, wie es am besten für Sie funktioniert.

Mit Ideen, Beratung, Unterstützung, Motivation und Anschub und fachärztlicher Untersuchung.

Wie funktioniert Fit imPuls?

Wir beantworten Ihre Fragen:

Trainieren Sie richtig? Trainieren Sie effektiv? Können Sie Ihr Training verbessern? Ist Ihr Gang- und Laufbild gesund und gut? Brauchen Sie möglicherweise Laufschuheinlagen? Ernähren Sie sich richtig? Sind Ihre Gelenkfunktionen in Ordnung? Haben Sie Ihren Fettstoffwechsel richtig aktiviert? Oder laufen Sie nur über Kohlen(hydratstoffwechsel)? Sind Sie übersäuert? Was macht Ihr Laktat? Kennen Sie die Regeln der Trainingslehre? Haben Sie Muskelverkürzungen, die Sie vielleicht noch gar nicht bemerkt haben und die behandelt werden müssten?

Wie hilft Ihnen Fit imPuls?

Wie fit sind Sie? Wie gesund sind Sie? Was steckt in Ihnen? Was können Sie mobilisieren? Was würden Sie gerne mobilisieren? Wir beantworten Ihre Fragen und finden die Lösung für Sie.

Was macht Fit imPuls?

Wir sagen Ihnen, wie es für Sie am besten läuft. Erfolgreich und unterstützend. Damit Sie Klarheit haben.

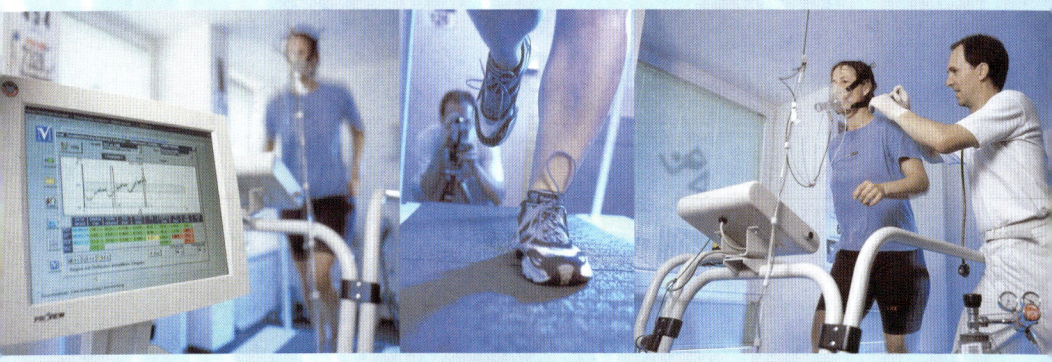

1 Der Klassiker: die Alster mit Überraschungen

Frisch, frech, fröhlich, frei: Lustlauf um die Alster

Welche europäische Metropole glänzt schon in ihrem Zentrum mit einem großen See? Ein sicherlich einmaliges Geschenk, das mit dem Aufkommen des Läuferbooms rund um die Uhr genutzt wird. Im Herzen der Stadt liegt Hamburgs Läuferparadies: die Außenalster. Ein im Mittelalter gestauter Mühlenteich, der zum Juwel und Markenzeichen der Hansestadt wurde.

Wir starten am Westufer, im feinen und quirligen Pöseldorf, direkt am Café »Cliff«, wo es vom Harvestehuderweg ausgehend an der Straße »Fährdamm« einen Parkplatz mit gut 100 Parkmöglichkeiten gibt. Hier befinden wir uns im Alstervorland, den ehemaligen Gärten der feinen Alstervillen der hanseatischen Kaufleute des 19. Jahrhunderts.

Der Start am »Cliff« ist durch einen etwa einen Meter hohen Granitstein gekennzeichnet. Die Runde ist gegen den Uhrzeigersinn alle 500 Meter mit einem ca. 50 Zentimeter hohen Stein ausgemessen. Außerdem ist auf der Hälfte der Strecke ein weiterer Granitstein postiert. Egal in welche Richtung (im oder gegen den Uhrzeigersinn) man laufen möchte, die Steine lassen sich als Tempokontrolle nutzen.

Wir starten auf großzügig angelegten Wanderwegen in Richtung Süden mit Blick auf Teile der alten City und erreichen nach 1 Kilometer Bodos Bootssteg. Wir folgen weiter dem Wanderweg und kommen nach weiteren 500 Metern am imposanten Amerikanischen Konsulat, dem »Weißen Haus von Hamburg«, vorbei.

Weiter geht es an den links liegenden Hamburger Ruderclubs vorbei, bis der Wanderweg scharf nach links abbiegt, wo wir der Steigung zur Kennedy-Brücke folgen. Beim Überqueren der Kennedy-Brü-

Kein Stein des Anstoßes:
Entfernungsmarkierungen rund um die Alster

Blick auf das Herz der Stadt

cke haben wir nach links den imposanten Blick auf die gesamte Außenalster bis zum Dach des Planetariums im Stadtpark und nach rechts auf das Hamburger Rathaus und die Fontaine der Binnenalster mit den Fassaden des Jungfernstiegs.

Nun laufen wir direkt auf das erlesene Atlantik-Hotel zu, passieren linker Hand Käpt'n Prüsses Segelsteg und befinden uns am Ostufer der Alster. Obwohl hier unweit der Laufwege eine 6-spurige Straße verläuft, finden wir hier bei vorherrschenden Westwinden immer noch eine erstaunlich gute Läuferluft.

Nach etwa 2 Kilometern durch ein schattiges Wäldchen, vorbei an den Gurlitt-Inseln mit ihren Segel-Clubs, erreichen wir die Buchtbrücke, wo der Laufweg leicht nach links abbiegt in den Schwanenwik. Hier überqueren wir wieder eine Brücke, die Schwanenwikbrücke,und kommen jetzt zum Uhlenhorster Park, der sich am Ostufer der Alster entlang zieht.

Nach 500 Metern liegt links unter großen, alten Buchen das Café »Alsterperle«, wo der Weg einen lang gezogenen Bogen nach Westen beschreibt und wieder linker Hand einen Blick gestattet auf die westliche City, dominiert vom grünlich schimmernden Unilever-Hochaus, dem 27

Am Ostufer: Die Welt als Kugel und Scheibe

Stockwerken hohen Radisson-SAS-Hotel und dem Fernsehturm.

Nach weiteren 500 Metern zieht der Laufweg einen weiten Rechtsbogen, wir sehen rechts den feinen Feenteich mit dem Gästehaus des Hamburger Senats und links am gegenüberliegenden Alsterufer unsere Startstelle mit dem Café »Cliff« und dem Kirchturm der Pöseldorfer St.-Johannes-Kirche.

Nun kommen wir am Uhlenhorster Fähranleger (linker Hand) vorbei und nach weiteren 100 Metern wird der Alsterblick durch das Gebäude des »NRV«, des norddeutschen Regattavereins, verdeckt. Gegenüber des NRV befindet sich die grünbläulich schimmernde Moschee, ein markanter Anblick am Uhlenhorster Ufer.

Hier macht die wenig befahrene Anliegerstraße einen Rechtsbogen. Nach 300 Metern biegen wir nach links in die Herbert-Weichmann-Straße ab, von wo wir auf die Osterbekbrücke gelangen.

Die Herbert-Weichmann-Straße mit der Sierichstraße in der Verlängerung stellt ein deutschlandweites Unikat dar: von 12 Uhr bis 4 Uhr nachts wird hier der Verkehr stadtauswärts geführt und von 4 Uhr nachts bis 12 Uhr mittags wieder stadteinwärts.

Auf der Osterbekbrücke sehen wir rechts auf den »langen Zug«, eine lange schmale Bucht der Alster, und auf den Mühlenkamper Fähranleger.

Direkt hinter der Brücke knickt der Laufweg nach links ab in die Straße namens Bellevue. Wir laufen wieder am grünen Ufer der Alster und folgen dem Weg bis zu »Bobby Reich's Restaurant«, direkt an der Krugkoppelbrücke gelegen, die die Außenalster nach Norden begrenzt und wo die Alster, als Fluss von Norden (Winterhude) kommend, in den See mündet.

Auf der Krugkoppelbrücke werden Autos angeboten: Diverse zum Verkauf stehende Oldtimer zieren den Straßenrand. Zur anderen Seite, über die lang gestreckte Alster, fällt der Blick auf den Stadtteil St. Georg.

Direkt hinter der Krugkoppelbrücke biegen wir wieder links in den Alsterpark ein und erreichen, jetzt wieder in Richtung City laufend, nach ge-

Blick von der Krugkoppelbrücke Richtung City

nau einem weiteren Kilometer unseren Startpunkt, das Café »Cliff«.

Wenn wir ohne die zahlreichen möglichen Umwege direkt dem beschriebenen Weg folgen, haben bei dieser Alsterrunde genau 7,4 Kilometer zurückgelegt.

Das Besondere dieses Laufgebiets liegt darin, dass man sich nicht nur auf die Wege direkt um die Alster beschränken muss. Die Alster bietet viel mehr als nur die große (7,4 Kilometer lange) Runde um die Außenalster. Zur Alster gehören genauso die erstaunlich vielen interessanten und grünen »Zubringerwege«, so dass man die Laufstrecke immer wieder von Neuem variieren kann.

1. Von Norden

Von Eppendorf und Winterhude kommend bietet der Leinpfad, der alte Treidelweg direkt neben dem Alsterflusslauf, einen idealen Einstieg für das Laufen. Man kann am nördlichen Ende des Leinpfades, am Winterhuder Fährhaus bzw. am Café »Leinpfad« (an der Hudtwalker Brücke) bequem parken. Wer von hier aus läuft, kann die Alsterrunde um gut 3 Kilometer verlängern.

2. Von Osten

Die Eilenau bietet endlose Möglichkeiten der Streckenverlängerung an. Die Eilenau ist ein östlich verlaufender, bis in den Stadtteil Eilbek ausge-

Park »Planten und Bloomen«
mit SAS-Radisson-Hotel

bauter Kanal mit einer sehr grünen Laufstrecke direkt am Wasser entlang. In Eilbek endet der Kanal, der ab hier als Flüsschen »Wandse« in Richtung Wandsbek seinen Weg nimmt. Am Ufer der Wandse lässt sich die Laufstrecke beliebig fortsetzen. Diese Laufstrecke ist ein Teil des legendären Ultra-Marathons von der Lübecker City zur Hamburger Außenalster.

3. Von Südwesten

Der Park »Planten und Bloomen« in den Wallanlagen des mittelalterlichen Hamburgs wurde 1972 für die Bundesgartenschau interessant verändert. Der Park schließt sich fast (!) nahtlos an die Alster an:

Vom citynahen Südufer der Außenalster kommend läuft man unter der Kennedy- und Lombardsbrücke hindurch zur Binnenalster. Hier macht der Laufweg eine scharfe Rechtskurve (nach Westen), wo man das weiß leuchtende Nobelhotel »Vier Jahreszeiten« erblickt und auf das mächtige Gebäude des »Hamburger Wirtschaftsinstitutes« zuläuft. Hier muss man die Ampel am »Neuen Jungfernstieg« überqueren und sofort nach rechts die Ampeln der Esplanade kreuzen. Jetzt gelangt man direkt am Bahndamm in den kleinen, versteckten Gustav-Mahler-Park. Man folgt der Bahnlinie nach links und kommt nach 300 Metern rechter Hand am auffälligen Gebäude des Cinemaxx-Kinos vorbei. Hier führt der Weg auf eine Fußgängerbrücke in Richtung des 27 Stockwerke hohen SAS-Radisson-Hotels. Nach Überqueren der Brücke fällt der Blick rechts auf den schmucken, im Jugendstil errichteten Dammtorbahnhof. Linker Hand gelangt man in den Park »Planten und Blomen«. Hier genießt der Läufer Narrenfreiheit: Entweder läuft er entlang des alten Wallgrabens in Richtung Hafen und Reeperbahn, wo die Wallanlagen nach etwa 2 Kilometern am Millerntor enden. Oder er läuft in Richtung des Fernsehturms durch sehr abwechslungsreich gestaltete Gartenlandschaften. Man läuft durch japanische Gärten, an tropischen Gewächshäusern vorbei, durch ausgedehnte Rosengärten und spielerische Wasserlandschaften. Im Sommer finden hier jeden Abend die berühmten Musik- und Wasserlichtspiele statt.

1a Halbmarathon durch das Herz der Stadt

Für ernsthaftes Marathontraining bietet sich eine sehr interessante Laufstrecke an:

Wir starten direkt von den Colonnaden 51 aus zur Binnenalster und laufen in Richtung Norden unter der Lombards- und Kennedybrücke hindurch zum Westufer der Außenalster. Wir laufen das gesamte Westufer hoch am »Weißen Haus«, dem amerikanischem Konsulat, vorbei, passieren dann rechter Hand Bodos Bootssteg, laufen durch den Alsterpark am Café »Cliff« vorbei und gelangen nach drei Kilometern zum nördlichen Ende der Außenalster, an die Krugkoppelbrücke. Wir überqueren die Straße an der Fußgängerampel und laufen durch den kleinen »Eichenpark« direkt am Flusslauf der Alster und gelangen in die Sackgassenmündung der feinen

Blick von der Fährhausbrücke zum Eppendorfer Teich und dem Haynspark

Heilwigstraße. Wir folgen nun der Heilwigstraße weiter nach Norden bis zur Eppendorfer Hochzeitskirche. Hier biegen wir rechts ab, überqueren die Alster und biegen nach der Brücke sofort wieder nach links. An der Fußgängerampel müssen wir die Hudtwalkerstraße kreuzen und laufen dabei direkt auf das Winterhuder Fährhaus mit der Komödie zu.

Den Einstieg vom Lattenkamp in den Lattenstieg nicht verpassen!

Hier laufen wir wieder zur Alster und queren diese nochmals über die Fährhausbrücke, eine kleine Fußgängerbrücke. Jetzt befinden wir uns wieder auf der westlichen, der Eppendorfer Alsterseite und laufen nach rechts in den Haynspark hinein. Wir halten uns immer direkt an der Wasserkante und laufen an der nächsten Brücke scharf rechts, um das Flüsschen Kollau zu queren, das hier in die Alster mündet. An dieser Stelle ist die Alster groß und breit, sie bildet den Eppendorfer Teich. Am Ende des Parks queren wir wieder die Alster und folgen der Straße bis zur Bebelallee. An der Ampel müssen wir die Bebelallee überqueren und laufen zum gut sichtbaren U-Bahnhof Latten-

Die Jahnkampfbahn

»Oskar Maria Stadtpark«,
Hüter des Trimmpfades

kamp. Hier finden wir den Einstieg in den Lattenstieg, einen kleinen Fußgängerweg, versteckt in einem gelben Haus. Wir laufen treppaufwärts Richtung Stadtpark. Hier beginnt eine interessante Steigung. Wir laufen die Treppen des Lattenstieges hoch, passieren die Alsterdorferstraße, folgen dem Efeuweg in Richtung Magazin-Kino, hier etwa 50 Meter weit nach rechts, dann wieder links und gelangen an der Ohlsdorferstraße an den Stadtpark. Wir sind nun aus dem Alstertal hinauf an den höchsten Punkt der Stadt, das Planetarium, gelangt.

Direkt am Parkplatz der Jahnkampfbahn, Hamburgs bekanntestem Leichtathletikstadion mit dem dahinter liegenden, hoch aufragenden Planetarium, einem wuchtigen, burgartigen Backsteinbau mit integriertem Wasserturm, empfängt uns der Stadtpark.

Wir laufen links an der Jahnkampfbahn vorbei durch den Wald, am Fußballplatz den alten Trimmpfad entlang und kommen auf die Hindenburgstraße, die wir kreuzen, und folgen weiter geradeaus dem Weg an den Wiesen entlang. Wir halten uns immer links am Rande des Stadtparks und erreichen nach 2 Kilometer das Open-Air-Stadion, wo wir scharf rechts abbiegen, am Teich entlang, nun immer links, bis wir wieder an die den Stadtpark begrenzende Saarlandstraße stoßen. Hier laufen wir rechts am Stadtpark entlang bis zum kreisrunden kleinen künstlichen Teich

Läuferparadies Stadtpark

Achtung: hier vom Grasweg aus scharf rechts in Richtung Jahnkampfbahn

gegenüber dem Café »Sommerterassen«, am Stadtpark-Freibad vorbei den Grasweg entlang und kommen nach weiteren 1,5 Kilometern zum »Landhaus Walter« mit dem »Hamburger Biergarten«. Hier überqueren wir wieder die Hindenburgstraße, folgen weiter dem Grasweg und laufen am Ende des Parks, kurz bevor die Bebauung wieder beginnt, scharf rechts in Richtung Parkplatz der Jahnkampfbahn.

Kaum sind wir hier angekommen, biegen wir bei der ersten Möglichkeit nach links ab und sehen die Fußgängerampel, die über die bereits einmal überquerte Ohlsdorferstraße führt. Wir überqueren die Ampel, laufen die Himmelstraße hinunter in Richtung Alster, überqueren am Ende der Himmelstraße die Alsterdorferstraße, biegen nach rechts und laufen nach 200 Metern nach links unter der Bahnlinie hindurch zum großzügigen Grünstreifen neben der

Am Leinpfad

Strecke 1

1a Streckenprofil

Streckenlänge:
    21,05 km

Bodenbeschaffenheit:
    Asphalt und Wege

Geeignet für:
    Fortgeschrittene

Treffpunkt:
    »Fit imPuls«, Colonnaden 51

Besonderheiten:
    Halbmarathon mit Schwimm-
    training im Stadtparkfreibad

Sonstiges:
    In welcher europäischen Me-
    tropole können Sie im Herzen
    der Stadt einen Halbmarathon
    laufen?

Streckentelegramm

»Fit imPuls«, +++ durch Colonnaden zur Binnenalster +++ unter der Lombard- und Kennedybrücke durch +++ am Westufer der Alster entlang +++ an Bodos Bootssteg vorbei +++ durch den Alsterpark +++ am Cafe »Cliff« vorbei +++ nach insgesamt 3 km über die Krugkoppelbrücke +++ Hagedorn-Park +++ an der Alster entlang +++ Heilwigstr. +++ Eppendorfer Hochzeitskirche +++ rechts abbiegen, Alster überqueren +++ nach der Brücke sofort links +++ an der Fußgängerampel Hudtwalkerstr. kreuzen +++ Richtung Winterhuder Fährhaus/Kommödie +++ Alster über die Fußgängerbrücke queren +++ nach rechts in den Haynspark +++ am Wasser halten +++ an der nächsten Brücke scharf rechts, Flüsschen Kollau queren +++ am Parkende Alster queren +++ der Straße bis zur Bebelallee folgen +++ Bebelallee queren +++ Richtung U-Bahnhof Lattenkamp +++ Lattenstieg, treppaufwärts +++ Alsterdorferstr. queren +++ Efeuweg +++ beim Magazin-Kino 100 m weit nach rechts, dann links +++ an der Ohlsdorfstr. in den Stadrpark +++ links an der Jahnkampfbahn vorbei +++ den alten Trimmpfad entlang +++ Hindenburgstr. queren +++ geradeaus +++ am Open-Air-Stadion scharf rechts +++ +++ links bis zur Saarlandstr. +++ rechts am Stadtpark zum Café »Sommerterrassen« +++ Grasweg +++ nach 1,5 km beim »Landhaus Walter« Hindenburgstr. queren +++ Grasweg +++ am Parkende scharf rechts +++ am Parkplatz der Jahnkampfbahn links, Ohlsdorferstr. queren +++ Himmelstr. +++ Alsterdorferstr. queren +++ rechts, nach 200 m links Bahn unterqueren +++ Grünstreifen neben Bebelallee +++ rechts bis zur 1. Ampel +++ nun Hinweg folgen bis Krugkoppelbrücke +++ links am Alsterufer entlang +++ Kennedybrücke überqueren +++ +++ am Brückenende Stufen zum Wasser +++ Kennedy- und Lombardsbrücke unterqueren +++ bei erster Möglichkeit rechts, Lombardsbrücke überqueren +++ um die Binnenalster herum +++ Colonnaden +++ Ausgangspunkt »Fit imPuls«

Strecke 1a

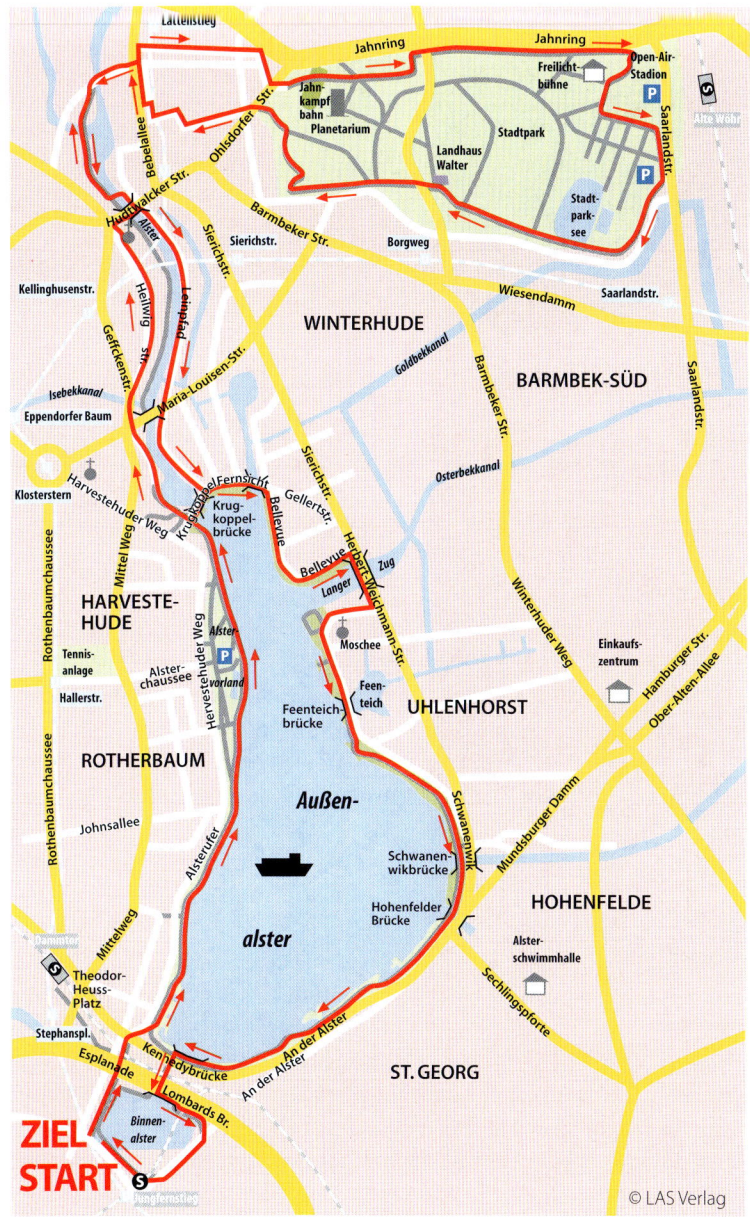

2 Der Stadtpark, ein Juwel inmitten der Stadt

Blick vom Planetarium zum Schwimmbad und Stadtparksee

Der Stadtpark, etwa 5 Kilometer nördlich der alten City, aber noch mitten in der Stadt zwischen den Stadtteilen Winterhude, Barmbek und Alsterdorf gelegen, wurde Ende des 19. Jahrhunderts von Hamburgs wohl bekanntestem Architekten und Stadtplaner, Fritz Schumacher, angelegt.

Das Besondere am Stadtpark: Er wird nie langweilig. Kann er auch gar nicht, da hier auf einer Fläche von etwa 5 km² eine der abwechslungsreichsten, interessantesten und ungewöhnlichsten Parklandschaften geschaffen wurde. Bei aller außergewöhnlichen Schönheit des Parks: Er hat leider keine durchgängige Beleuchtung.

Wegen seiner zentralen Lage ist der Stadtpark sehr gut erreichbar: Mit der U3 bis Haltestelle »Borgweg« (südlicher Stadtpark), mit der U1 bis Haltestelle »Lattenkamp« (westlicher Stadtpark mit Planetarium) und mit der S21 bis Haltestelle »Alte Wöhr« (östlicher Stadtpark mit Open-Air-Stadion). Es gibt zahlreiche Parkmöglichkeiten am westlichen Rande (Parkplatz Jahnkampfbahn), am südlichen (Grasweg) und am östlichen Rande (Saarlandstraße), und an der Hindenburgstraße, die den Stadtpark in Nord-Süd-Richtung durchquert. Hier liegt auch das Landhaus Walter mit seinem Downtown-Jazzclub und dem Hamburger Biergarten, der fast eine bayerische Stimmung aufkommen lässt.

Der Stadtpark ist ein Läuferparadies. Die Variationsmöglichkeiten der Laufstrecke sind unerschöpflich, da man sich immer wieder neue Wege und Kombinationen auswählen kann.

Er eignet sich zum freien Laufen durch die wundervolle abwechslungsreiche Parklandschaft genauso wie zum konzentrierten, systematischen Lauftraining auf der Tartanbahn der Jahnkampfbahn, die sich am westlichen Rande des Stadtparks hinter dem Planetarium befindet. Die Jahnkampfbahn ist für die Öffentlichkeit geöffnet täglich von 7 bis 19 Uhr mit Ausnahme jener Tage, an denen dort Wettkämpfe stattfinden.

Ein Lauf um den Stadtpark am äußeren Rand entlang (stets im Grünen) misst ziemlich genau 5 Kilometer. Durch Variationen können wir die Strecke beliebig ändern und verlängern.

Wollen wir unseren Lauf durch verschiedene Turnübungen ergänzen, folgen wir dem Trimmpfad im westlichen Wald am Planetarium. Der Trimmpfad ist perfekt ausgebaut, mit seinen abwechslungsreichen Übungen sehr gut durchdacht und eignet sich daher hervorragend zu ergänzenden Kraftübungen und Gymnastik zum Erhalt der Beweglichkeit.

Wem das Laufen allein nicht genügen sollte, kann hier im Sommer auch in Hamburgs größtem und wohl schönstem Freibad schwimmen gehen. Das Stadtpark-Freibad misst etwa 100 x 100 Meter und ist durch eine Spundwand vom Stadtparksee getrennt. Das Wasser ist kristallklar und so geringfügig gechlort, dass sich sogar Fische hierin wohl fühlen. Das Becken wird gespeist von unterirdischen Quellen. Erstaunlicherweise leben hier, mitten in der Stadt, Fischreiher und Kormorane, die gerne im Stadtparkfreibad fischen gehen.

Zudem ist der Stadtpark eine einzigartige Sammlung verschiedenster, zu allen Jahreszeiten blühender Pflanzen, so dass sich der Park vom frühen Frühjahr bis in den späten Herbst in bunter Blütenpracht präsentiert.

Im Café »Schuhmacher« am Stadtparksee kann man sich erfrischen und den fantastischen Blick über den gesamten Stadtpark bis zum Planetarium genießen (besonders beliebt der Blick in den Westen bei Sonnenuntergang). Etwas schicker geht es gegenüber am Osterbekkanal im Café »Sommerterrassen« zu, wo sich an lauen Sommerabenden Hamburgs »Szene« trifft.

Bei soviel Schönheit und Abwechslungsreichtum ist der Stadtpark wegen seiner zentralen Lage und seines reizvollen Ambientes bei schönem Wetter ein sehr beliebtes Ausflugsziel. Dann sollten sie am besten mit dem Fahrrad, oder besser noch mit den öffentlichen Verkehrsmitteln anfahren.

Streckenprofil

Streckenlänge:
> große Außenrunde: 5 km; variabel

Bodenbeschaffenheit:
> Waldwege, planierte Sandwege

Geeignet für:
> Anfänger, Fortgeschrittene

Treffpunkt:
> variabel, am besten bei der Jahnkampfbahn

Besonderheiten
> Ausflugsziel für die ganze Familie mit vielen Möglichkeiten, sich sportlich zu betätigen

Sonstiges:
> Für das leibliche Wohl ist vielerorts gesorgt.
> Schwimmen in Hamburgs großzügigstem Freibad.

Streckentelegramm

Jahnkampfbahn +++ Richtung Norden +++ in den Wald hinein +++ links Fußballplatz +++ Hindenburgstraße +++ große Wiese +++ links Fußballplatz +++ halblinks in den Wald hinein bis zum Open-Air-Stadion +++ hier scharf rechts +++ links in Richtung Saarlandstraße +++ am Parkeingang Saarlandstraße rechts +++ bis zum Schiffchenteich am Freibad +++ Grasweg bis Landhaus Walter +++ Hindenburgstraße überqueren +++ weiter parallel zum Grasweg +++ am Ende des Parks scharf rechts zur Jahnkampfbahn

Strecke 2

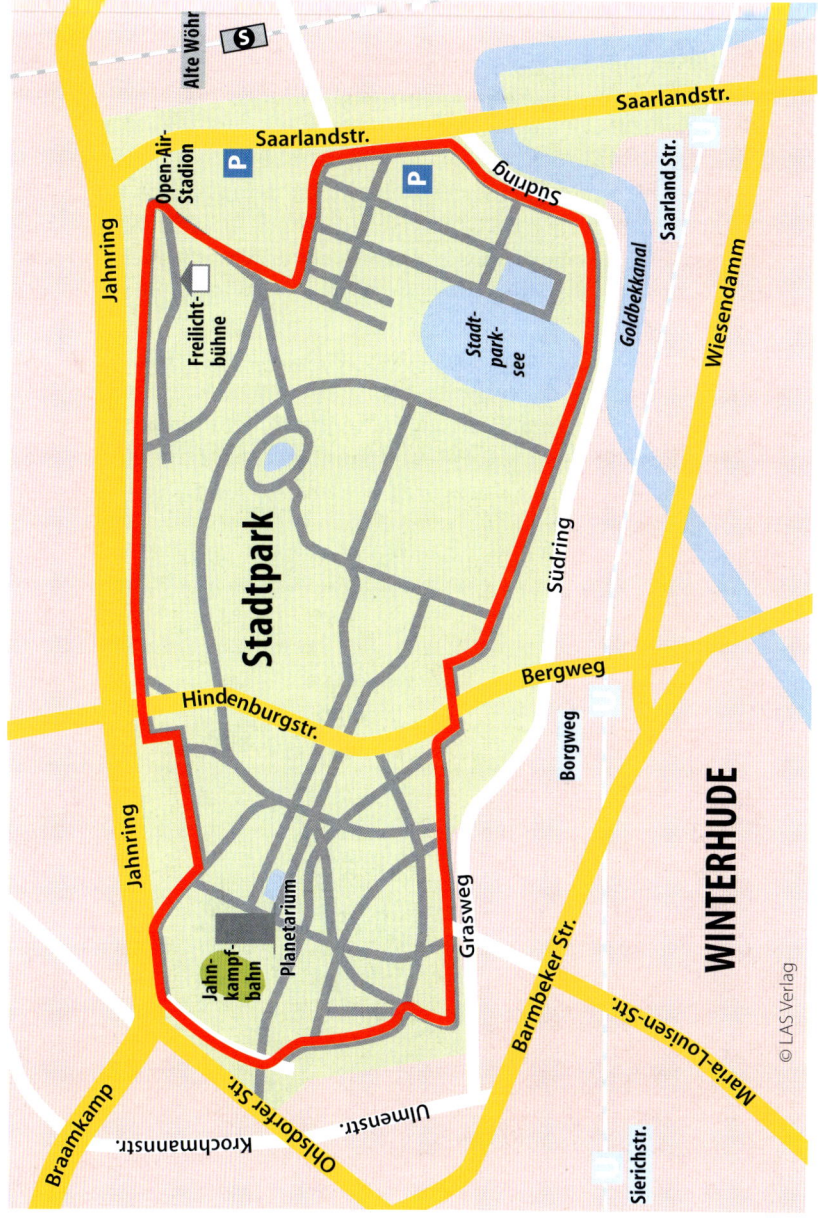

3a Dr. Steinmeiers Medical-Trail Nr. 1
Von der City in das Niendorfer Gehege und zurück

Wir starten am Sportmedizinischen Zentrum Hamburg »Fit imPuls« in den Colonnaden/Ecke Esplanade bzw. am Flaggenmastwald Jungfernstieg/Ecke Lombardsbrücke.

Wir folgen bis zum Eppendorfer Mühlenteich dem gleichen Weg wie in Strecke 1a »Halbmarathon durch das Herz der Stadt« beschrieben, also auf der Harvestehuder Seite die Alster hinauf, weiter über die Heilwigstraße bis zur Hudtwalckerbrücke, wo wir gegenüber des Winterhuder Fährhauses die Hudtwalckerstraße an der Fußgängerampel überqueren, von dort über die Fußbrücke nochmals über Alster in den Haynspark hineinlaufen. Hier geht es weiter stets am Ufer der hier sehr breiten Alster bis zum kreisrunden Planschbecken am Ende des Parks. Dort überqueren wir die Brücke nach rechts in Richtung Lattenkamp und laufen sofort bei der ersten Möglichkeit wieder links zu dem weit bekanntem Restaurant »Zur alten Mühle«. Hier überqueren wir an der Fußgängerampel den nördlichsten Ausläufer der allgemein bekannten Eppendorfer Landstraße und laufen nun durch den Park direkt am Ufer des Mühlenteiches nordwärts. Wir

Blick vom Haynspark über die Alster zum Winterhuder Kai

unterqueren nach 300 Metern das großzügig angelegte Eisenbahnaquädukt mit seinen imposanten bogenförmigen Pfeilern und laufen in einem leichten Linksbogen dem Ufer folgend bis zu der Unterquerung der Umgehungsstraße des »Ring 2«, der hier »Rosenbrook« heißt. Von nun an folgen wir direkt dem Ufer des Flüsschens Kollau weiter flussaufwärts.

Rechter Hand sehen wir sehr gepflegte Schrebergärten, links jenseits des Flussufers den sehr wenig befahrenen Bahndamm, der hinter großen Bäumen verschwindet. Dieser schöne und ruhige Weg ist etwa einen Kilometer lang, so dass er sich für eine erste Tempoeinheit ideal anbietet. Nach etwa einem Kilometer überqueren wir die Wohnstraße »Lokstedter Damm«. Hier finden wir ein grünes Hinweisschild mit der Aufschrift »Radwanderweg 11 Hamburg Nord«. Nach gut 100 Metern spaltet sich das Flüsschen Kollau in den Bach Tarpenbek (in Laufrichtung rechts) und in den Bach Kollau (in Laufrichtung links).

An dieser Stelle sei darauf hingewiesen, dass wir hier grundsätzlich zwei verschiedene Routen laufen können: einmal weiter der Kollau folgend und einmal weiter der Tarpenbek folgend.

Route A:

Wir entscheiden uns zunächst, weiter der Kollau zu folgen.
Zuerst jedoch müssen wir etwa 100 Meter an der Tarpenbek entlang und sie dort an ihrer einzigen Brücke überqueren. Auf der anderen Uferseite laufen wir wieder etwa 100 Meter die Tarpenbek bachabwärts zurück bis zu der Stelle, wo sich Tarpenbek und Kollau vereinigen.

Hier beschreiben wir eine scharfe Rechtskurve und laufen nun unmittelbar auf einem schmalen, im Sommer üppig überwucherten Weg direkt am Bachufer der Kollau. Nach 200 Metern gelangen wir an die stark befahrene Kollaustraße, die wir jedoch sehr bequem an einer Fußgängerampel überqueren können. Links sehen wir wieder die Eisenbahnbrücke über die Kollaustraße. Hier geht es nun sehr ruhig weiter am Ufer der Kollau entlang, die links von uns liegt. Noch einmal müssen wir eine relativ wenig befahrene Straße, die Niendorferstraße, queren und haben nun für lange Zeit Ruhe vor Autos.

Wir befinden uns nun mitten im Grünen und können auf diesem schnurgeraden Waldbodenweg eine zweite, etwa einen Kilometer lange Tempoeinheit einlegen. Nach etwa einem Kilometer müssen wir sehr genau aufpassen(!!!), um den Weg, der weiter direkt am Kollauufer entläuft, nicht zu verpassen. Er biegt leicht nach rechts ab und ist vor allem im Sommer, wenn hier alles in saftigem Grün steht, schwer zu erkennen. In regenreichen Zeiten wird dieser Weg oft von der Kollau überspült. Er gilt offiziell als »Hochwasserrückhaltebecken«. Das Betreten bei Hochwasser geschieht ausdrücklich auf eigene Gefahr. Gleichzeitig lässt besonders diese Stelle das Herz von Freunden des echten Crosslaufens mächtig höher schlagen. Hier kann man wirklich über Stock und Stein springen und braucht Geschicklichkeit und gute Koordination. Wer diese Art des Laufens liebt, kommt hier ganz auf seine Kosten. Falls Sie einen ruhigen Lauf bevorzugen, sollten Sie an der Weggabelung, die in den gerade beschriebenen Weg

hineinführt, lieber nicht nach rechts, sondern weiter geradeaus laufen und später auf der Vogt-Kölln-Straße nach rechts bis zur Kollaubrücke laufen. In diese Stelle mündet nämlich auch unser Crosslaufweg.

Hier überqueren wir die wenig befahrene Vogt-Kölln-Straße und laufen weiter direkt am Kollauufer über einen gepflegten Grantweg durch ein hübsches Wäldchen, bis sich der Wald lichtet und sich linker Hand eine große Wiese auftut, rechter Hand liegen schöne, gepflegte Einfamilienhäuser. Nach gut 200 Metern überqueren wir die sehr wenig befahrene Straße »Niendorfer Gehege«. Weiter geht es am Kollauufer entlang, links die pralle und saftige Natur mit Äckern, Wiesen und Weiden in einer Knicklandschaft. Nach weiteren 200 Metern nehmen wir die erste Gelegenheit wahr und laufen einen

Im Niendorfer Gehege

Sandweg nach links in die Wiesen hinein. Nach einigen hundert Metern laufen wir wieder rechts und noch einmal rechts und stoßen wieder auf den uns inzwischen gut bekannten Kollauwanderweg, dem wir nach links weiter bachaufwärts folgen. Nach ein paar 100 Metern geht es an der Holzbrücke wieder links in einen Sandweg hinein.

Hier liegen auf beiden Seiten des Weges Kuhweiden und Pferdekoppeln, bald sehen wir rechts einen Reiterhof liegen und nun befinden wir uns auf einer kleinen asphaltierten Straße namens »Holloswisch«. Nach ein paar hundert Metern biegen nach rechts in den »Beentkamp« ein, genau wie der »Holloswisch« eine winzige asphaltierte, von Bäumen gesäumte Straße mit nur gelegentlichem Verkehr. Nach 400 Metern finden wir links eine Baumschule und rechts führt wieder ein Sandweg in Richtung Kollau. Wir nehmen diesen Sandweg bis zur Kollau, überqueren sie an einer Holzbrücke und laufen weiter schnurstracks geradeaus in den Wald hinein.

Der Weg windet sich nun durch den Wald, bis linker Hand wieder schmucke Einfamilienhäuser auftauchen, während rechts der Wald liegt. Dieser Weg ist gerade wie mit einem Lineal gezogen. Dort, wo er nach links abbiegt, laufen wir weiter geradeaus wieder in den Wald hinein, folgen einigen Wegwindungen und bei der ersten Möglichkeiten halten wir uns links, so dass wir auf eine Waldlichtung gelangen. Auch hier halten wir uns strikt links auf dem Weg und lassen uns auf geschwungenen Wegen durch den Wald führen. Bald finden wir linker Hand ein aus den Gründerzeiten stammendes »Waldschlösschen« und rechts eine schicke weiße Villa mit einem schwarzen Schieferdach.

Wir überqueren wieder die wenig befahrene Straße »Niendorfer Gehege«. Auf der anderen Straßenseite steht links ein hübsches Holzhaus mit der gut zu lesenden Hausnummer 29, rechts ein wenig tiefer im Wald ein imposantes Mehrfamilienhaus aus der Gründerzeit mit der Hausnummer 31. Wir halten uns hinter dem Holzhaus mit der Nummer 29 links.

Wieder laufen wir mitten durch den Wald. An der ersten Weggabelung geht es rechts weiter. Der Weg beschreibt einen weiten Rechtsbogen, bald liegt links eine Wiese, rechts weiterhin Wald. Wir stoßen nun auf das sehr große, mannshoch eingezäunte Wildgatter, worin in einem riesigen Areal diverses Rot-, Dam- und Schwarzwild steht. An diesem Wildgatter laufen wir rechts und folgen dem Gatterzaun mehrere hundert Meter bis zu seinem Ende. Hier steht linker Hand das backsteinrote Försterhaus. Wir nehmen jedoch den Weg, der hier scharf nach rechts abbiegt. Wieder ein schnurgerader Weg durch den stillen und beschaulichen Wald, der ideal für Tempoeinheiten geeignet ist und der uns nach etwa 600 Metern zur uns inzwischen bekannten Vogt-Kölln-Straße führt.

An der Vogt-Kölln-Straße halten wir uns strikt links auf dem angenehmen Wald- und Sandbodenweg. Rechts von uns liegt durch dichten Bewuchs getrennt die wenig befahrene Straße, links der Wald. Bald erreichen wir rechts die Waldschänke »Waldfrieden« des Kleingartenvereins 303 (Klgv 303). Es geht weiter geradeaus, vorbei an dem Buswendepunkt (Endstation) »Niendorfer Gehege« der Buslinie 181, die von hier aus zu Hagenbecks Tierpark und weiter bis zur Sternschanze im Herzen der Stadt fährt. Kurz darauf gelangen wir zum kleinen Parkplatz »Waldecke« des dazugehörigen Kleingartenvereins.

Genau hier überqueren wir noch einmal die Kollau und können hier wieder in den Kollauwanderweg einsteigen. An dieser Stelle allerdings gilt es die Warnung „Hochwasserrückhaltebecken« zu beachten, wie oben beschrieben, eine echte Cross-Herausforderung für den Läufer. Wer einen Cross nicht mag, kann an der Kollaubrücke der Vogt-Kölln-Straße etwa 200 Meter weiter geradeaus folgen, um dann an der Eisenbahnüberquerung links in den Wanderweg einzubiegen. Beide hier beschriebenen Wege treffen nach wenigen hundert Metern wieder zusammen. Von hier geht es den gleichen Weg, den wir gekommen sind, zurück.

Wer mag, kann den hier beschriebenen Weg innerhalb des Niendorfer Gehes beliebig variieren. Die Vielfalt und die Kombinationsmöglichkeiten der Laufstrecken im Niendorfer Gehege sind unendlich. Ohne einen Hauch von Langeweile kann man hier die unterschiedlichsten Streckenvariationen ausprobieren. Hierzu möchte ich auch ausdrücklich ermuntern. Wir finden hier die verschiedensten Bodenbeschaffenheiten, wir können ruhig unser Grundlagenausdauertraining absolvieren oder auch effektive Tempoeinheiten einlegen. Genausogut finden wir viele Möglichkeiten für schöne Crossläufe.

Das Niendorfer Gehege ist in jeder Jahreszeit und bei jedem Wetter eine ausgezeichnete, vielseitige und schöne Trainingsstrecke.

Route B

An der Stelle, wo die Bäche Kollau und Tarpenbek zusammenfließen, haben wir auch die Möglichkeit, dem Verlauf der Tarpenbek zu folgen.

Diese Strecke ist grundsätzlich kürzer und führt nicht direkt ins Niendorfer Gehege, sondern endet am Niendorfer Markt. Sie stellt die Verbindung für Läufer zwischen der City und Niendorf dar.

Dort, wo wir von der City kommend, zum ersten Mal die Tarpenbek überqueren, halten wir uns nun rechts, statt wie in Route A beschrieben links. Nun liegt rechts von uns der Bach Tarpenbek, links liegen, in üppiges Grün eingebettet, schöne Einfamilienhäuser. Nach gut 200 Metern überqueren wir die wenig befahrene Groß Borsteler Straße. Weiter geht es direkt am Tarpenbekufer entlang durch Kleingartensiedlungen, wir unterqueren die »Papenreye« und laufen durch idyllische Gärten, überqueren die Anliegerstraße »Haldenstieg« und stoßen dann direkt auf den Zaun, der das Flughafengelände umgibt.

Hier halten wir uns links. Weiter geht es durch sehr schöne Grünanlagen und gepflegte Gärten immer direkt am Zaun des Flughafens entlang. Bei meinen Läufen auf dieser Strecke bin ich nie sonderlich durch Fluglärm gestört worden. Man braucht keine Bedenken zu haben, dass diese Laufstrecke durch Abgase oder Lärm unattraktiv sei. Im Gegenteil: Sie ist beschaulich und idyllisch. Am Westende des Flughafens erreichen wir die wenig befahrene Vogt-Cordes-Straße, der wir am Flughafen entlang ein wenig folgen. Sehr bald biegen wir nach links in die Wohnstraße »Sootbörn« ein, die uns direkt zum Niendorfer Markt führt.

Jetzt können wir entweder wieder zurücklaufen, am Niendorfer Markt in die U2 einsteigen und zum Ausgangsort per U-Bahn zurückfahren oder aber die Kollaustraße überqueren und an der Niendorfer Kirche in das Niendorfer Gehege hineinlaufen. Die Entscheidung liegt bei Ihnen.

Laufen im Niendorfer Gehege: Streckenvielfalt in freier Natur

Streckenprofil

Streckenlänge:

Route A: 26,3 km

Route B: 10,6 km einfach, 21,2 km hin und zurück

Bodenbeschaffenheit:

planierte Sandwege, gelegentlich Asphalt, viele Waldwege

Geeignet für:

Fortgeschrittene

Treffpunkt:

Fit imPuls, Colonnaden 51

Besonderheiten:

Langstreckeneinheit, gut für Tempoeinheiten
und für Crosstraining

Sonstiges:

Mit Laufstrecke 11 (Alstertal) Hamburgs längste Laufstrecke

Streckentelegramm

Fit imPuls, Colonnaden 51 +++ Esplanade +++ Binnenalster +++ Lombards- und Kennedybrücke +++ Westufer der Alster +++ Krugkoppelbrücke +++ Hagedornpark +++ Heilwigstraße +++ Eppendorfer Hochzeitskirche +++ Winterhuder Fährhaus +++ Haynspark +++ Eppendorfer Mühlenteich +++ Kollauwanderweg +++ Querung Kollaustraße +++ entlang der Eisenbahntrasse +++ Vogt-Kölln-Straße +++ Niendorfer Gehege West +++ Niendorfer Gehege Ost +++ Niendorfer Gehege Süd +++ Kollauwanderweg +++ von Vogt-Kölln-Straße zurück +++ Querung Kollaustraße +++ Eppendorfer Mühlenteich +++ Haynspark +++ Winterhuder Fährhaus +++ Leinpfad +++ Krugkoppelbrücke +++ Alstervorland Westufer +++ Cliff +++ Kennedy- und Lombardsbrücke, Unterquerung +++ Binnenalster +++ Esplanade +++ Fit imPuls, Colonnaden 51/Ecke Esplanade

Strecke 3a

© LAS Verlag

3b Dr. Steinmeiers Medical-Trail Nr. 2 Laufen mit (Elb-)Weitblick oder: Take a walk on the wild side!

Ausdauer, Kraft- und Bergtraining am citynahen Elbhang

Wir starten an der barocken Trinitaskirche in Altona. Da hier viele Schwarze wohnen, kann man sich hier, bevor man startet, oft mit karibischen Gospelgesängen inspirieren lassen, die aus dem hanseatisch-barocken Gotteshaus erklingen.

Erreichen können wir diese sehr interessante Laufstrecke über die S 1, S 2 und S 3 bis Haltestelle Königsstraße oder mit dem Auto bis zur Königsstraße/Ecke Kirchenstraße.

Wir starten also unseren Lauf direkt an der Trinitaskirche. Vorbei an der wunderschönen Skulptur der Pelikane laufen wir den Elbhang abwärts in Richtung Fischmarkt, unterqueren die »Breite Straße« und gelangen auf

das nördliche Ende des Fischmarktes, wo wir auf die Docks der Werft Blohm + Voss mit den dort zur Reparatur liegenden Ozeanriesen blicken. Direkt am nördlichen Ende des Fischmarktes halten wir uns scharf rechts, laufen hinauf zur Carsten-Rehder-Straße, der wir elbhang abwärts ein Stück folgen. Nach wenigen hundert Metern auf dem Kopfsteinpflaster nehmen wir den gut mit Gehwegplatten ausgestatteten Weg bergan zu dem ersten unübersehbaren Hochhaus, das direkt an der Palmaille steht. Von hier aus genießen wir über die alte Köhl-

Startpunkt: Trinitas-Kirche in Altona

brandtreppe, die sich unmittelbar am Fusse des ersten Hochhauses befindet, einen weiten Blick über die Elbe in den Hafen hinein Wir laufen die Köhlbrandtreppe etwa zur Hälfte hinunter und biegen dort nach rechts in einen kleinen, schmalen, im Sommer sehr grünen Weg ein. Nach 100 Metern auf einer ebenen Fläche geht es nun halb schräg nach rechts oben mehrere Treppen hinauf in einen kleinen Rosengarten, der ganz offensichtlich wohl in den 70er Jahren angelegt wurde und an dessen Ende sich ein sehr alter hoch aufragender Backsteinschornstein in den Himmel reckt. Nach 50 Metern auf ebener Fläche erklimmen wir wieder eine steile Treppe bergan zum Olbersweg, den wir dann nach links hinunter laufen zu dem etwas heruntergekommenem Café/Restaurant »Elbblick«. Direkt dahinter führt wieder eine sehr steile, lange Treppe den Elbhang hinauf.

Hier erreichen wir einen kleinen Park mit Liegewiesen. Ein grandioser Blick in den Hafen hinein und auf den Köhlbrand tut sich auf. Ab hier finden wir ein ausgesprochen welliges Gelände vor, das ständig bergauf und

Fischmarkt mit Docks

bergab verläuft. Hinter den Gebäuden der Deutschen Afrikalinie mit der ungewöhnlichen Mischung aus klassizistischen und hochmodernen Gebäuden steht eines von Hamburgs skurilsten Denkmälern: »Dem Andenken der gefallenen Tapferen der österreichischen Marine. Helgoland 1864«. Man ist fast versucht, von der österreichischen Gebirgsmarine zu sprechen.

Weiter geht es über das wellige Gelände durch die Liegewiesen hindurch am Café »Alte Welt« vorbei und am Gedenkstein zu Ehren der Stiftung von 5000 Kirschbäumen von Japanern als Dank für die Hamburgische Gastfreundschaft. Wir erreichen den Altonaer Balkon, eine ebene Fläche von einigen hundert Quadratmetern, die wohl Hamburgs einzigartigsten Blick auf den Hafen, den Köhlbrand und das Containerterminal bietet.

Von hier geht es weiter über die geschwungene Fußgängerbrücke, die über die steil zur Elbe und zum Övelgönner Museumshafen hinunter führende Kaistraße führt. Wir laufe in Richtung Westen über die Altonaer Rampe vorbei an dem kunterbunten Totempfahl, vorbei an den frühen berühmten, heute nicht mehr existierenden Rainvilles-Terassen, den leicht abschüssigen Weg Richtung Neumühlen/Övelgönne.

Elbhang mit Blick auf den Hafen

Wir gelangen über den Schopenhauerweg elbhangabwärts durch ein schattiges Wäldchen hinunter zu dem tiefer gelegenen Donnerspark, wo sich rechts und links des Weges im Sommer viele Menschen auf den Liegewiesen sonnen. Hier bleiben wir immer auf dem Hauptweg (Schopenhauerweg) und sehen bereits die große Glaskuppel des

Totempfahl an der Altonaer Rampe

gewaltigen, wuchtigen Turms des Altersheims »Augustinum«, direkt am Övelgönner Museumshafen. Wir folgen dem Weg immer weiter geradeaus, bis wir direkt oberhalb des wuchtigen Backsteinklotzes des »Augustinums« an eine 92 Stufen lange, steile Treppe gelangen, die wir nun erklimmen müssen. Oben angekommen bietet sich ein einmaliger Blick auf das Waltershofer Containerterminal mit seinen gigantischen Containerschiffen. Besonders in der Dämmerung und im Dunkeln fasziniert dieser Blick in das Lichtermeer des Containerterminals mit der Geschäftigkeit eines Ameisenhaufens.

Nach einem kurzen, abschüssigen Weg geht es wieder steile Treppen abwärts, bis unsere Treppe t-förmig an jener Treppe (Lüdemanns Weg) endet, wo man nach links unmittelbar zum Museumshafen gelangt und nach rechts oben zur Elbchausse geführt wird. Wir laufen nach rechts weitere 72 Stufen bergan und gelangen am Restaurant »Le Canard« auf die Elbchaussee. Hier laufen wir wenige hundert Meter rechts in Richtung Innenstadt bis zu der Stelle, wo der Hohenzollernring auf die Elbchaussee mündet. An dieser Stelle gelangen wir rechter Hand in den Rosengarten. Am Ende des sehr hübschen Rosengartens führt eine Treppe den Elbhang abwärts zum Donnerspark und wir stoßen wieder auf den asphaltierten Schopenhauerweg, den wir bereits kennen. Nun laufen wir genau die Strecke, die wir gekommen sind, zurück.

Altonaer Balkon

Streckenprofil

Streckenlänge:

6,1 km

Bodenbeschaffenheit:

Asphalt

Geeignet für:

Fortgeschrittene

Treffpunkt:

Trinitas-Kirche Altona

Besonderheiten:

Sehr hügelig, viele Steigungen, viele Treppen

Sonstiges:

Einzigartige Weitblicke über den Hafen

Streckentelegramm

Trinitas-Kirche Altona +++ Fischmarkt +++ Carsten-Rehder-Straße +++ Gehweg zum Hochhaus +++ Köhlbrandtreppe halb hinunter +++ schmaler Pfad nach rechts +++ kleiner Rosengarten +++ Olbersweg +++ Café Elbblick +++ steile Treppe +++ Rasen und Liegewiesen +++ welliges Gelände +++ Altonaer Balkon +++ Altonaer Rampe +++ Schopenhauerweg +++ Donnerspark +++ gewaltiger Rotklinkerbau des Augustinums mit Glaskuppeldach +++ Övelgönner Museumshafen +++ Lüdemanns Weg (steile Treppe) +++ Elbchaussee +++ Rosengarten +++ Elbtreppe hinunter zum Donnerspark +++ Schopenhauerweg +++ gleichen Weg zum Ausgangspunkt zurück

Strecke 3b

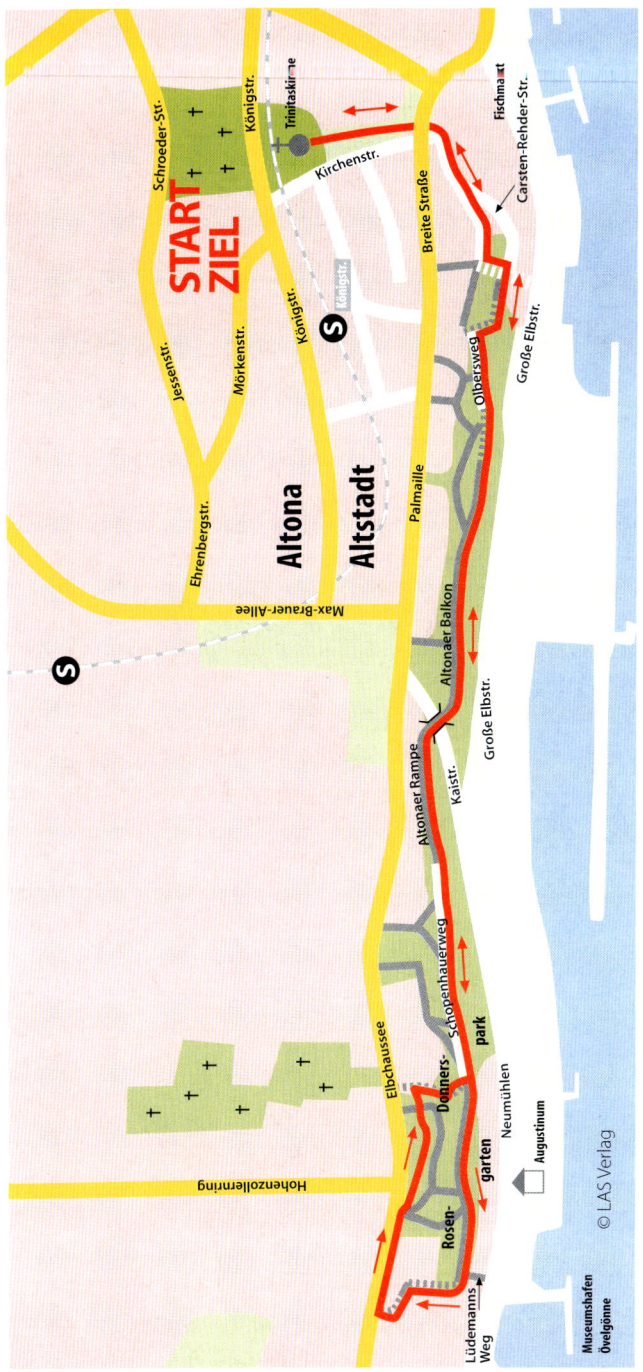

© LAS Verlag

4 Läufers Hamburger Hafenrunde

Ungewohnter, faszinierender Blick auf Hafen, Speicherstadt und City

Die große Hamburger Hafenrunde ist für Läufer wohl absolut einmalig in Deutschland. Umso verblüffender ist, wie unbekannt unter Läufern diese Strecke ist. Auch wenn wir als Läufer auf die spektakuläre Köhlbrandbrücke über die Norderelbe verzichten müssen, weil sie für Fußgänger grundsätzlich gesperrt ist, so gibt es eben doch auch andere atemberaubende Kulissen im Hafen.

Idealerweise starten wir an der Haltestelle »Landungsbrücken« der U3 bzw. der S2 und S3. Direkt an dem grünen Kupferturm der Landungsbrücken an der Kreuzung Helgoländer Allee/Ecke Johannisbollwerk, am Fuße des Hotels »Hafen Hamburg« mit seinem aufragenden, dominanten Turm auf der Anhöhe des Elbhanges, beginnt unser Lauf.

Wir laufen 200 Meter elbabwärts zum Alten Elbtunnel und dann die Treppen hinab in den 1911 erbauten Tunnel, unterqueren hier die Elbe und laufen nach knapp 400 Metern am anderen Elbufer die Treppen wieder hinauf. Nun befinden wir uns mitten im Hafengelände auf der Elbinsel, die durch die Spaltung der Elbe in Norder- und Süderelbe gebildet wird.
Wir folgen der einzigen großen, vom Elbtunnel weiterführenden Straße, der Hermann-Blohm-Straße, in Richtung Süden. Rechter Hand sehen wir die Betriebsgebäude der Blohm+Voss Werft, linker Hand liegt hinter der hohen Hochwasserschutzwand der Fährkanal. Nach wenigen hundert Metern schwenkt die Straße nach links und wir sehen auf der linken Seite die Zeltkuppel des Musicaltheaters im Hafen. Wir folgen weiter geradeaus unserer Straße, die uns auf den sehr lang gezogenen Reiherdamm führt, auf

dem wir einfach direkt geradeaus weiterlaufen.

Nach einem Linksschwenk führt der Reiherdamm in einer Brücke über den Reiherstieg, einem alten Elbarm, der die Elbinsel in zwei Hälften teilt. Hier haben wir nach links hinaus einen wunderbaren Blick auf die Hamburger City mit den hoch aufragenden fünf Kirchtürmen der St.-Michaelis-Kirche, der Nicolai-Kirche, von St. Petri, St. Jacobi und der Katharinenkirche. Diese Kulisse wird bereichert durch den mächtigen Rathausturm und den Telemichel, den Hamburger Fernsehturm, sowie den wuchtigen, die Höhe des Elbhanges überragenden Turm des Hotels »Hafen Hamburg«. Unser Weg führt uns über diese Brücke in Richtung des sehr lang gezogenen Veddeler Dammes, dessen linksseitigen großzügigen Fußweg wir jetzt nutzen.

Auf der rechten Seite des Veddeler Damms erstreckt sich der gigantische Haupthafenbahnhof mit etwa 20 parallel verlaufenden, mit einer Unzahl von Weichen verbundenen Gleisen. Linker Hand sieht man die Kulisse der Hafenschuppen. Wir atmen pure Hafenatmosphäre. Zu beiden Seiten der Laufstrecke kann man zwischen den Schuppen immer wieder große Containerschiffe und andere Frachter sehen. Wer noch intensiver in diese Atmosphäre eintauchen möchte, muss vom Veddeler Damm aus kleine Abstecher in eine der Seitenstraßen, die zu den einzelnen Hafenbecken führen, laufen.

Wir jedoch folgen weiter dem Veddeler Damm, der später in einem Linksschwenk in die Straße »Am Saalehafen« führt, auf der wir nach einem weiteren Kilometer die mit großen Trägersäulen verstärkte Freihafenbrücke erreichen. Von hier aus haben wir wieder einen exzellenten Blick auf die Hamburger City mit ihren zahlreichen Türmen, allerdings aus einer vollkommen anderen Per-

Imposante Industrielandschaft
mit frischer Seeluft

spektive. Auch erfreut uns hier die freie Sicht auf die mitten im Strom liegenden Ozeanriesen, die am Afrika-Terminal festmachen. Hinter der Elbbrücke erreichen wir wieder das Festland und laufen an der lang gezogenen Versmannstraße entlang, linker Hand die Hafenschuppen, dahinter wieder diverse Schiffe aus aller Herren Länder.

Mitten im Hafen

An dieser Stelle, soll in den kommenden Jahren die »Hafencity« entstehen, wohl eines der größten Bauvorhaben in Deutschland nach dem »Potsdamer Platz« in Berlin. Die Versmannstraße führt uns direkt in eine der ungewöhnlichsten Stadtplanungen des ausgehenden 19. Jahrhunderts, in die Speicherstadt. Kaiser Wilhelm I. ließ das alte Gängeviertel im Kerngebiet des damaligen Hamburger Hafens abreißen, um die für damalige Zeiten

An den Landungsbrücken

wohl modernste Speicherstadt erbauen zu lassen. Die neobarocken und neogotischen in den Himmel aufragenden Speicherhäuser, die durch zahlreiche Fleete miteinander verbunden sind, gelten zweifellos als ein Juwel der Stadtbaukunst. Hier folgen wir der Straße »Am Sandtorkai« in Richtung des brandneu errichten »Hanseatic Trade Center«, eines lang gezogenen, wuchtigen Gebäudes der späten 1990er Jahre.

Am Ende des Sandtorkais werden wir über die Brücke des Niederbaumwall über den uralten Binnenhafen auf den Baumwall geführt. Hier laufen wir auf der Promenade des Hochwasserschutzwalls in Richtung Landungsbrücken. Linker Hand liegt nun der Sportboothafen mit dem ehemaligen Leuchtfeuerschiff »Elbe«, das als Restaurant und Café genutzt wird, weiter vorbei an den sehr gepflegten Museumsschiffen, dem alten Früchtefrachter »Cap San Diego« und dem Dreimaster »Rickmer Rickmers« und erreichen wieder unseren Ausgangspunkt, den grünen Kupferturm der Landungsbrücken.

Lauf durch die Speicherstadt

Streckenprofil

Streckenlänge:
  11 km

Bodenbeschaffenheit:
  Asphalt

Geeignet für:
  Anfänger, Fortgeschrittene

Treffpunkt:
  Landungsbrücken

Besonderheiten:
  Abwechslungsreiche Hafenkulisse mit
  interessanten Ausblicken auf die Hamburger City

Sonstiges:
  Ein Hauch von Fernweh

Streckentelegramm

Landungsbrücken +++ alter Elbtunnel +++ Hermann-Blohm-Straße +++ Reiherdamm +++ Veddeler Damm +++ Haupthafenbahnhof +++ Am Saalehafen +++ Elbbrücken und Freihafenbrücke +++ Versmannstraße +++ Speicherstadt +++ Am Sandtorkai +++ Hanseatic Trade Center +++ Niederbaumwall +++ Baumwall +++ Sportboothafen +++ Leuchtfeuerschiff Elbe +++ Früchtefrachter »Cap San Diego« +++ Dreimaster »Rick Rickmers« +++ Landungsbrücken

Strecke 4

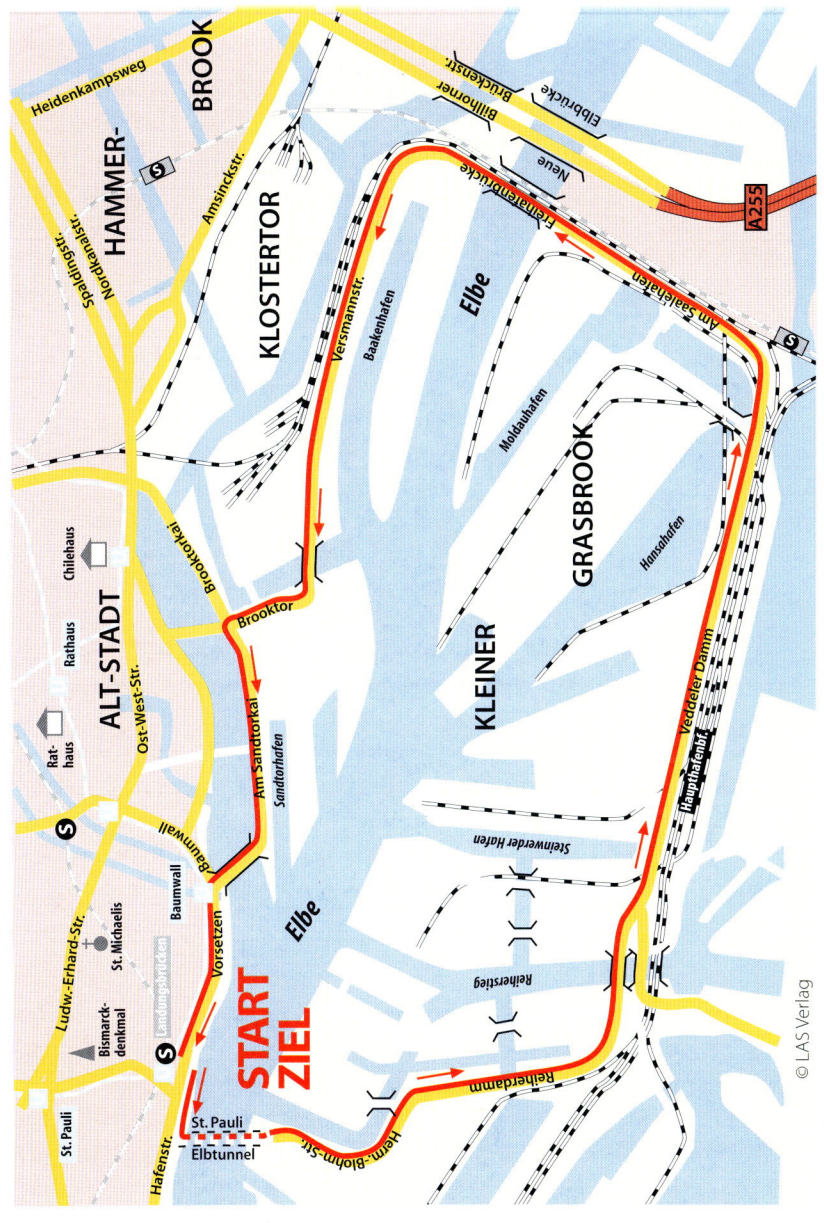

5 Der Volkspark, oder: Hamburger Berg- und Geländetraining

Mitten im Hamburger Westen liegt der durch das Fußballstadion berühmt gewordene Volkspark. Sofern hier keine Bundesligaspiele stattfinden, treffen wir hier auf eines der Hamburger Läuferparadiese. Sehr gut erreichbar von der Autobahn A 7, die von Süden (Niedersachsen) kommend durch den Elbtunnel den Verkehr in Richtung Nordsee (Husum) und Ostsee (Kiel und Flensburg) weiterleitet, findet man hier allerorten beste Parkmöglichkeiten für den PKW. Am besten fährt man von der Autobahnabfahrt »Stellingen« kommend in die Schnackenburgallee hinein und folgt der Ausschilderung zur »AOL-Arena« (Sylvesterallee), auf dessen unübersehbaren und großzügigen Parkplätzen man ideal parken kann.

Mit öffentlichen Verkehrsmitteln ist der Volkspark mit dem Bus erreichbar über die Luruper Chaussee, Haltestelle Trabrennbahn (südlich des Volksparks), bzw. mit der S-Bahn (S 3 und S 21) über die Haltestelle Stellingen (nordöstlich des Volksparks). Wer mag, kann hier den Bus 180 nehmen, oder direkt zum Volkspark laufen. Man kann auch mit der S 1 und S 3 bis Altona-Bahnhof fahren und von dort den Bus 144 oder 244 bis zur Stadionstraße nehmen.

Hingewiesen sei darauf, dass man genau wie im Stadtpark auch im Volkspark bei Dunkelheit keine oder nur sehr spärliche Beleuchtung vorfindet.

Der 1914 von der preußischen königlichen Gartenbaudirektion entworfene Volkspark stellt mit einer Größe von 125 ha die größte waldgeprägte Parkanlage Hamburgs dar. Das Besondere am Volkspark sind seine lang ausgestreckten, zahlreichen Hügel mit interessanten Aussichtspunkten sowie seine landschaftliche und gartenarchitektonische Vielseitigkeit. Besonders in der Blütezeit ist der 15 ha große Schulgarten die reinste Augenweide.

Wir starten an der Nordostecke des Fußballstadions (der Autobahn und dem Zubringer zugewandten Seite), die unübersehbar gut markiert ist. Wir laufen in Richtung Wald (südlich) und kommen nach etwa 500 Metern auf eine runde Kreuzung der August-Kirch- und der Nansen-Straße. Hier liegt der Ausgangspunkt für zahlreiche Läufe. Wir halten uns stark links und laufen einen lang gezogenen, leicht ansteigenden Bogen am Waldrand ent-

Unübersehbar: die AOL-Arena

lang und erreichen nach wenigen hundert Metern die asphaltierte, jedoch fast nie befahrene Straße »Am Volkspark«, der wir nach rechts leicht bergan folgen bis zu ihrem Sackgassenende, wo wir wieder rechts abbiegen.

»Birkenschlucht«: Hier links in den Waldweg einbiegen

Von der Nansen-Straße zum Schulgarten

Dann geht es an der Schrebergartensiedlung »Birkenschlucht« entlang in einen von steilen Hügeln durchzogenen Buchenwald hinein (oberhalb der alten Teerstraße). Wenn wir noch nicht richtig aufgewärmt sind, sollten wir das Bergtraining zunächst vermeiden und einfach weiter dem Fußweg folgen, der uns über die asphaltierte Nansenstraße zum Richtungsschild »Schulgarten« führt.

Wir durchqueren jetzt den »Schulgarten«, eine hübsche Gartenanlage mit zahlreichen, zu allen Jahreszeiten blühenden Pflanzen um kurz darauf zum südlichen Haupteingang des Volksparks geführt zu werden. Wenn wir hier angekommen sind, sind wir etwa 2 200 Meter gelaufen. Zum weiteren Aufwärmen bietet sich der Weg im Park entlang der Trabrennbahn an, der uns weiter zum Dahliengarten (etwa 1,1 Kilometer) und von dort in einer lang gezogenen, leicht abschüssigen Rechtskurve an einer asphaltierten Straße entlang (Hellgrund) am unübersehbaren Altonaer Friedhof vorbei wieder in Richtung Stadion leitet. Nach weiteren 700 Metern kommen wir wieder an unserem Ausgangspunkt, die Kreuzung August-Kirch-Straße/Nansenstraße.

Hier sind wir zunächst nur etwa 4 500 Meter durch leicht hügeliges, waldiges Gelände gelaufen, was in aller Regel für ein gutes Aufwärmen noch nicht ausreicht. Aus diesem Grund wiederholen wir einmal den beschriebenen und landschaftlich reizvollen Weg und sind, wenn wir wieder an der Kreuzung August-Kirch-Straße ankommen, mit leichten Steigungen und Gefällen 9 Kilometer gelaufen.

Jetzt sind wir mit Sicherheit ideal aufgewärmt und können das Bergtraining beginnen. Während der ersten zwei Aufwärmrunden haben wir in der Mitte des Parks bereits zahlreiche Bergtrainingsstrecken gesehen. Möglichkeiten, den Lauf mit Steigungen und Gefälle zu variieren, gibt es unzählige. Ein Querfeldein-Cross-Training bietet sich geradezu an.

Sinn und Zweck des Crosstrainings besteht darin, die Herzfrequenz in

Pinguinbrunnen im Schulgarten

Der Weg durch den Schulgarten nach Westen

Wegweiser, unverrückbar

den oberen, auch in den anaeroben Bereichen mehrfach immer wieder zu variieren, was in diesem Gelände zwangsläufig geschieht. Gleichzeitig werden andere Muskelgruppen als beim Lauf im flachen Gelände beansprucht, so dass ein untrainierter Bergläufer, um unerwarteten Muskelkater und andere Verletzungen zu vermeiden, sein Training hier nicht übertreiben sollte. Wie viele Runden man in diesem hügeligen Gelände absolvieren sollte, hängt davon ab, wie intensiv man bisher am Berg trainiert hat.

Alle am Berg ungeübten Läufer seien an dieser Stelle ausdrücklich darauf hingewiesen, dass wir nach hartem Training im steilen Gelände bei verschiedenen Trainingsgruppen immer wieder Probleme erlebten: Ungeübte Läufer klagten nicht nur regelmäßig über unerwarteten Muskelkater, auch schmerzhafte, langwierige Sehnenansatzüberlastungen waren häufig die Folge. Zudem verlangt das Gelände vom Läufer ein besonderes Maß

Ein Blick in den Dahliengarten

an Koordination seiner Bewegungen: Umknicken im Sprunggelenk im unbefestigten Gelände haben wir oft erlebt. So verlockend das waldige, hügelige Gelände hier auch ist, so achtsam sollte man sein Training hier langsam und allmählich steigern. Die Anforderungen sollten vom ungeübten Hügel- und Geländeläufer nicht unterschätzt werden.

Viele Läufer nutzen den Volkspark auch zur Ermittlung ihrer maximal möglichen Herzfrequenz. Der sehr lang gestreckte Hügel, der von der Kreuzung August-Kirch-Straße/Nansenstraße ausgehend zum unübersehbar höchsten Punkt des Volksparks (Tutenberg) führt, erweist sich als ideales Testgelände für die kontrollierte Ermittlung der eigenen maximal möglichen Herzfrequenz. Nach langsamem (!), etwa 30-minütigem Aufwärmen laufen wir, soweit wir können, in maximalem Sprint den Hügel bergan. Entscheidend ist, sich bis an das persönliche wirkliche Leistungsmaximum heranzukämpfen. An dem Punkt, wo wir tatsächlich an der Grenze unserer Kraft und Schnelligkeit angekommen sind, liegt unsere maximale Herzfrequenz.

Die maximal mögliche Herzfrequenz sowie die reale Ruheherzfrequenz (morgens im Bett beim Aufwachen gemessen) erlauben, sofern man Wert auf herzfrequenzorientiertes Training legt, Rückschlüsse auf die Ermittlung idealer Trainingsbereiche. Ein herzfrequenzorientiertes Training lässt in jedem Falle die Effizienz des Ausdauertrainings durch sinnvolle Trainingspläne wesentlich steigern. Lesen Sie zu diesem Thema auch die Ausführungen auf den Seiten 15–18.

Der Volkspark ist also ideal, um im flachen Norddeutschland das Lauftraining interessant variieren zu können: Geländeläufe, Hügelläufe und die realistische Ermittlung der maximalen Herzfrequenz. Und natürlich können wir hier auch genauso gut ganz normale, entspannte Ausdauerläufe machen, je nachdem, wie uns der Sinn steht. Die Ruhe, die Schönheit und der Abwechslungsreichtum des Parks sprechen für sich.

Streckenprofil

Streckenlänge:
> 4,5 km (kürzeste Strecke)

Bodenbeschaffenheit:
> planierte Sandwege, Asphalt, Waldwege

Geeignet für:
> Anfänger, Fortgeschrittene

Treffpunkt:
> Fußballstadion

Besonderheiten:
> Möglichkeiten zum Ausdauer- wie zum Crosstraining

Sonstiges:
> Waldgeprägte Parkanlage, sehr hügelig

Höhenprofil

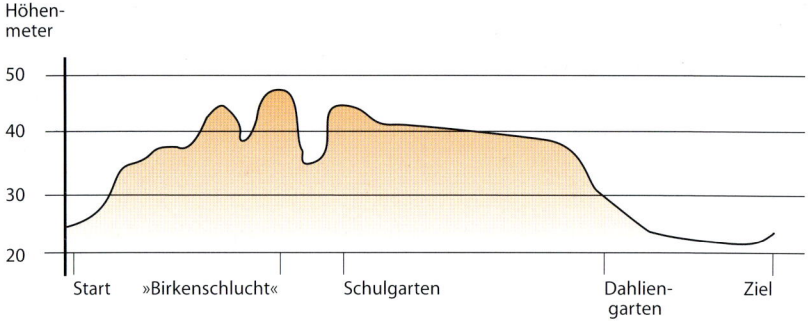

Streckentelegramm

Nordostecke der AOL-Arena +++ Kreuzung August-Kirchstraße/Ecke Nansenstraße +++ Waldweg Richtung Osten +++ Straße »Am Volkspark« +++ Schrebergartensiedlung »Birkenschlucht« +++ rechts in die Nansenstraße +++ Richtungsschild »Schulgarten« +++ Schulgarten +++ Südeingang Volkspark +++ entlang der Trabrennbahn +++ Dahliengarten +++ Stadionstraße +++ Altonaer Friedhof +++ Straße »Hellgrund« +++ Waldweg +++ Kreuzung August-Kirch-Straße/Ecke Nansenstraße +++ anschließend viele Variationen, querfeldein durch den Park

Strecke 5

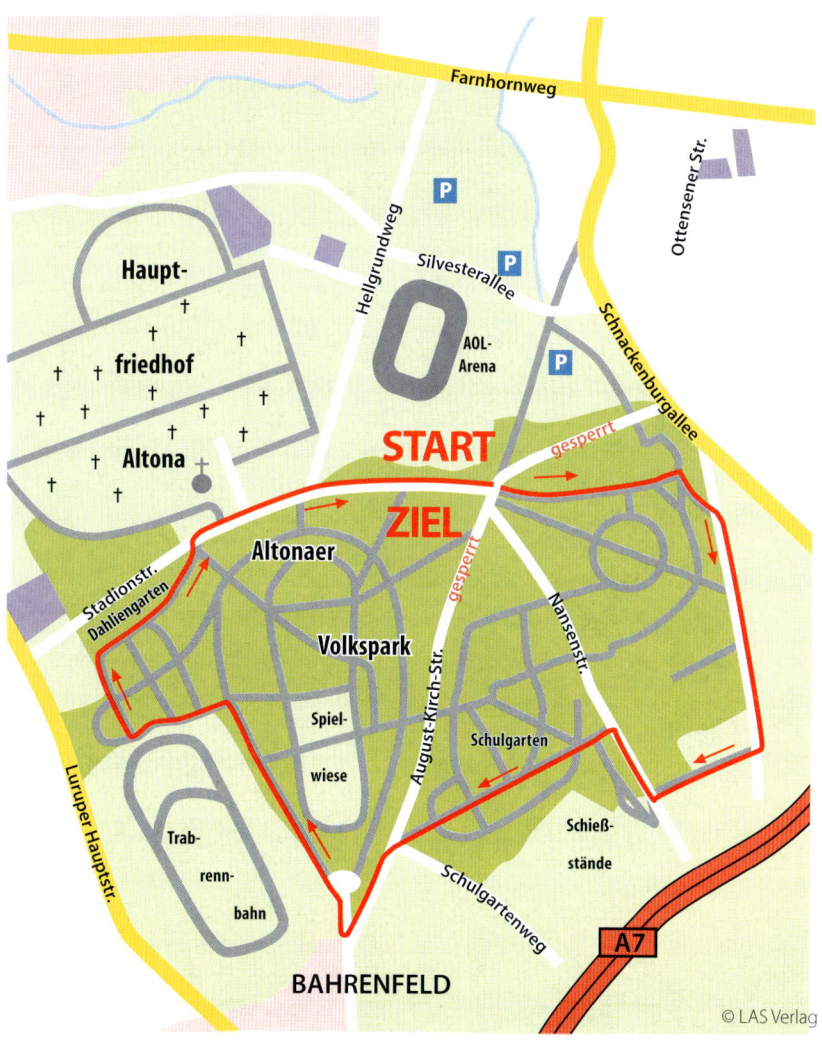

6 Övelgönner Elbe und Jenisch Park (Elbvororte) bis nach Blankenese

Strandläufer im Nordseewind, oder:
Wo im Sommer die Nordsee zur Südsee wird

Der Övelgönner Museumshafen ist ein idealer Start für einen Lauf entlang der Elbe. Man kommt hierher mit dem Bus 112 bis Neumühlen/Övelgönne oder mit dem Auto (etwa 60 Parkplätze sind hier vorhanden) bzw. mit dem Fahrrad. Zu den üblichen sonntäglichen Spaziergangszeiten ist diese Laufstrecke ein unbequemes Survivaltraining, während sie zu allen anderen Zeiten zu den schönsten und interessanten Strecken Hamburgs zählt.

Das ehemalige Rotklinker Kühlhaus direkt am Övelgönner Hafen ist Anfang der 90er Jahre in ein luxuriöses Altenheim der Augustinum-Kette umgebaut worden, eine weithin sichtbare Landmarke direkt am Elbufer. Am gegenüberliegenden Elbufer befindet sich der tag- und nachtaktive Waltershofer Containerterminal, wo wir häufig das Spektakel der An- und Ablegemanöver der weltgrößten Containerschiffe beobachten können.

Auf unserem Elbufer hingegen liegt über dem romantischen Övelgönner Museumshafen der Hauch der Vergangenheit, den die zahlreichen

Övelgönner Museumshafen mit Augustinum

Schiffe des vergangenen Jahrhunderts ausstrahlen.

»Stairways to heaven« in Övelgönne

Hier starten wir elbabwärts (Elbe linker Hand) in Richtung Blankenese auf dem auch im Dunkeln beleuchteten Wanderweg an den alten Fischer-, Schiffer- und Lotsenhäusern entlang und gelangen nach etwa 600 Metern zu Hamburgs berühmtestem Kiosk, der »Strandperle«. Bei schönem Sommerwetter ist die »Strandperle« hoffnungslos überfüllt von Hunderten von Menschen, die hier bei Kaffee, Kuchen und Bier den Elbstrand genießen. Der Laufweg ist jedoch in aller Regel frei, wir folgen weiter dem Wanderweg und kommen nach wenigen hundert Metern an der Övelgönner Himmelsleiter vorbei, ein etwa 100 Meter langer, steil aufragender Weg, halb Treppe, halb Laufweg. Wer mag, kann hier bereits am Berg sein Krafttraining beginnen und einige Male die Himmelsleiter hinauf und hinunterlaufen. Anschließend laufen wir wieder auf dem Wanderweg in Richtung Blankenese und sehen am Strand einen gigantischen Findling, »alter Schwede« genannt, der vor einigen Jahren bei der Elbvertiefung mit größter Mühe und Aufwand aus der Schiffahrtsrinne heraus gehoben wurde und nun als einer der größten Findlinge Europas bestaunt wird.

Der Standabschnitt vom Övelgönner Museumshafen bis zum »alten Schweden« wandelt sich im Sommer zu Hamburgs Copa Cabana. Zahllose Lagerfeuer und Fackeln erleuch-

Jenischpark mit Jenisch-Haus

Zum Ernst-Barlach-Haus im Jenischpark

ten den Strand in warmen Nächten, von überallher weht Musik jeglicher Stilrichtungen, die Menschen tummeln sich am Ufer und die Düfte der Grillfeuer liegen in der Luft. In lauen Sommernächten, in denen uns Mond und Sterne näher erscheinen als sonst, im Rauschen der Brandung glauben wir uns im Schatten der Uferbäume in die Südsee versetzt. So eisig und schneidend der Laufweg an der Elbe im Winter sein kann, so lieblich und träumerisch zeigt er sich im Dunkel der warmen Jahreszeit.

Weiter geht es elbabwärts über den Elbuferweg, der sich hier »Ringelnatztreppe« nennt, bis wir nach insgesamt 3,2 Kilometern zum kleinen Teufelsbrücker Sportboothafen gelangen. Hier kreuzen wir, direkt neben der Skulptur des fröhlich-diebisch lachenden Teufels, am Zebrastreifen die Elbchaussee und gelangen in den Jenischpark. Der Jenischpark ist etwa 600 Meter breit und etwa 800 Meter lang. Er wird in der Mitte durch das Flüsschen »Flottbek« (ein ausgewiesenes Naturschutzgebiet), das wir an der »Düvelsbrück« überqueren, geteilt. Im Park, einem hügeligen und sehr abwechslungsreichen Naturschutzgebiet, kann man mehrere verschiedene Runden drehen, ohne immerzu die gleiche Strecke zu laufen. Das im klassizistischen englischen Landstil errichtete weithin weiß leuchtende Jenischhaus ist eine Perle im Park und das wenige hundert Meter danebenliegende, für den norddeutschen Bildhauer und Schriftsteller Ernst Barlach errichtete Museum die zweite architektonische Besonderheit des Parks.

Nachdem wir den überaus interessanten Park umrundet (2,2 Kilometer) oder mehrfach durchkreuzt haben, laufen wir wieder zurück zu der »Düvelsbrück«, wo wir in den Park hineingelangten, und kreuzen wieder die Elbchaussee und gelangen auf demselben Wege zurück zum Övelgönner Museumshafen, unserem Ausgangspunkt.

Um die folgende Strecke zu laufen, kann man auch mit der Buslinie 36 bis Teufelsbrück fahren und den Lauf hier beginnen. Hier gibt es auch einen Parkplatz für etwa 30 Autos. Besser parken kann man jedoch rund um den Jenischpark.

Wer mag, kann vom Jenischpark aus weiter elbabwärts in Richtung Blankenese laufen. Idealer Ausgangspunkt hierfür ist der Parkplatz an der großen Bushaltestelle »Teufelsbrück«, direkt gegenüber dem Jenischpark. Hier befindet sich auch der Fähranleger zur gegenüberliegenden Elbseite nach Finkenwerder. Das sehr schöne Café »Engel« lockt auf dem Anlegerponton mit einem atemberaubenden, weiten Blick über die Elbe.

Um an der Elbe zu laufen, sollte man winderprobt sein. Häufig weht hier ein starker Westwind, der einerseits für eine unübertroffen gute Seeluft sorgt, andererseits von einigen Läufern als störend empfunden wird. Der Elbblick mit den ein- und auslaufenden Ozeanriesen entschädigt allerdings für alle Mühen. Lohnend ist diese Laufstrecke vor allem in der Abendsonne, wenn man elbabwärts in die in dem zwei bis drei Kilometer breiten Elbstrom allmählich versinkende blutrote Sonne hineinläuft. Von hier aus können wir buchstäblich endlos in Richtung Nordsee laufen.

Wenn wir nun an der Landungsbrücke »Teufelsbrück« elbabwärts starten, erreichen wir nach etwa 600 Metern die Elbschlosstreppe. Freunde des Treppentrainings können hier einsteigen und ein spezielles Krafttraining der Wadenmuskulatur beginnen. Andere Läufer genießen weiter den Blick in Richtung Blankenese und kommen nach weiteren 500 Metern an »Jacobs

Am Elbstrand: der Lauf in die untergehende Sonne

Treppe« vorbei, die zum feinen »Landhaus Jacob« führt, dessen einmaligen Ausblick auch der impressionistische Maler Max Liebermann mehrfach in berühmten Bildern festhielt. Weiter folgen wir dem Elbuferweg und kommen an gepflegten Grünanlagen rechter Hand vorbei, passieren den steilen Blankeneser Kirchenweg, laufen weiter über dem Elbuferweg liegenden Hirschpark vorbei und erreichen nach insgesamt gut 4 Kilometern den Strandweg in Blankenese. Hier können wir in dem feinen, weiß getünchten »Strandhotel« eine Erfrischung zu uns nehmen oder auch in einem der nun folgenden zahlreichen Restaurants und Kneipen am Strandweg, der wenig später »Falkensteiner Ufer« heißt.

Am Blankeneser Strandweg beginnt eine ganz besondere Hamburgensie, der wir nun ein eigenes Kapitel widmen: das Treppenviertel.

Streckenprofil

Streckenlänge:
   8,6 km; incl. Verlängerung 16,6 km

Bodenbeschaffenheit:
   an der Elbe meistens Asphalt, selten planierte Sandwege;
   in Jenischpark überwiegend Sandwege

Geeignet für:
   Anfänger, Fortgeschrittene

Treffpunkt:
   Museumshafen Övelgönne

Besonderheiten:
   Museumshafen, Jenischpark;
   atemberaubender, unendlicher Blick über die mächtige Elbe

Sonstiges:
   Möglichkeit der Streckenverlängerung in das Blankeneser Treppenviertel (Strecke 7) und in die Elbparks (Strecke 8)

Streckentelegramm

Övelgönner Museumshafen +++ Strandperle +++ Himmelsleiter +++ Teufelsbrücker Sportboothafen +++ Düwelsbrück +++ Jenischpark +++ Teufelsbrücker Sportboothafen +++ Elbschlosstreppe +++ Jacobstreppe +++ Blankeneser Sportboothafen +++ Strandweg Blankenese +++ und zurück

Strecke 6

7 Das Blankeneser Treppenviertel, ein sagenhaftes Labyrinth

Blankeneser Treppenviertel mit Süllberg

Hamburger Gipfelstürmer: der Hamburger als Bergziege

Aus dem ehemaligen Fischerdorf Blankenese ist Hamburgs feinster und malerischster Elbvorort geworden, ein Gewirr hübscher, gepflegter alter Fischerhäuser an dem hoch aufragenden Elbhang mit dem Labyrinth des in Deutschland einmaligen Treppenviertels.

Den Charme des Treppenviertels machen die unzähligen, über den bis zu 66 Metern über der Elbe aufragenden Elbhang verstreuten, eng an eng gebauten Häuser aus. Größtenteils sind es alte kleine Fischerhäuser, hin und wieder auch moderne, zum Glück fast immer geschmackvolle Neubauten. In dieses bunte Getümmel eingestreut finden sich zahlreiche Cafés, Kneipen, Restaurants, Kaffee- und Biergärten. Besonders unten am Elbstrand wimmelt es von gemütlichen und idyllischen Ausflugszielen, so dass Läufer die Strandpromenade zu typischen Wochenend- und Feiertagsausflugzeiten wegen der Menschenfülle meiden sollten.

Wir können jedoch angenehm ausweichen in die zahlreichen Grünanlagen und in das Labyrinth der endlosen Hügel und Täler mit seinen miteinander verwobenen Treppen.

Um eine Vorstellung von den Möglichkeiten des Hügeltrainings zu geben: Der Falkentaler Weg, der in die Straße Waseberg übergeht, ist Hamburgs steilste Straße: 15 % Steigung vom Elbufer bis zum Bismarckstein hinauf. Hier findet bei dem alljährlichen Radrennen »Cyclassics« die Hamburger Bergwertung statt. Und was für Radfahrer eine Herausforderung ist, ist auch für Läufer interessant.

Wir erreichen Blankenese bequem mit der S-Bahn bis zum Blankeneser Bahnhof oder mit dem Auto über die malerische Elbchaussee. Der Parkplatz Elbchaussee/Mühlenberger Weg im Herzen von Blankenese ist der Ausgangspunkt unseres Laufes.

In der Regel finden sich hier stets genügend Parkplätze. Nur in seltenen Fällen müsste man zum Blankeneser Marktplatz ausweichen, um hier einen Parkplatz zu finden. Kommen wir mit der S-Bahn, so laufen wir vom Bahnhof über die Blankeneser Landstraße in die Blankeneser Bahnhofstraße, halten und links in den Mühlenberger Weg hinein, und erreichen nach wenigen Metern die Kreuzung Elbchaussee,

Blankeneser Ortsamt am Mühlenberger Weg

Bergtraining im Treppenviertel: atemberaubend!

Im Blankeneser Treppenviertel findet man unendlich viele Laufstrecken. Man kann die 58 Treppen mit insgesamt 4864 Stufen (wir können hier nur eine Auswahl vorstellen) kombinieren, wie man will, dabei immer wieder den grandiosen Elbblick aus verschiedenen Perspektiven genießen und stets wieder Neues entdecken. Die Möglichkeiten sind unerschöpflich. So unerschöpflich, dass der ortsunkundige Läufer unbedingt einen Blick auf die Karte werfen sollte, um sich nicht in diesem Labyrinth zu verirren.

Wir schlagen im Folgenden einen erprobten, aber zwangsläufig natürlich auch labyrinthisch anmutenden Weg vor, den man bequem in 90 Minuten laufen kann.

Eine Streckenlänge anzugeben ist in diesem Gewirr von Treppen und Gassen fast unmöglich. Das Interessante hier ist die endlose Möglichkeit des Treppentrainings, des Auf- und Absteigens, der einmalige Charme dieses idyllischen Fischerdorfes mit seinen ungewöhnlichen und abwechslungsreichen Elbperspektiven. Obendrein hat man die Möglichkeit, falls man es mag, am Strand in richtigem Sand trainieren zu können. Außer-

dem lässt sich die Strecke nach Belieben elbabwärts oder -aufwärts in endlosen und wundervollen Grünanlagen ausdehnen.

Wir starten vom oben beschriebenen Parkplatz aus (Elbchaussee/Ecke
Mühlenberger Weg) in den Mühlenberger Weg hinein. Links liegt ein großer, alter Park mit mächtigen Buchen, rechts stehen ein paar hübsche Häuser. Nach bereits gut 100 Metern biegen wir rechts in den Baurs Park ein,
genau dort, wo sich ein Hinweisschild zu der Eduard Hallier Bücherhalle
bzw. dem feudalen Ortsamt Blankenese befindet. Wir laufen an diesen
klassizistischen Häusern vorbei bis zur asphaltierten kleinen Straße namens »Baur Park« und biegen hier scharf links zum Blankeneser Leuchtturm ein. Am Ende dieser Sackgasse laufen wir rechts am Leuchtturm vorbei und genießen hier zum ersten Mal den grandiosen Ausblick von der Höhe des Elbhanges auf den gewaltigen Elbstrom mit dem Mühlenberger
Loch. Aus unserer Laufrichtung rechts neben dem Leuchtturm führt eine

Pflastersteintreppe
hinunter zum Elb-
strand. Wir folgen die-
sem Weg durch den
Buchenwald, der teil-
weise aus Treppen (127
Stufen bis zum Strand-
weg) und teilweise aus
planiertem Waldbo-
den besteht und ser-
pentinenartig hin-
unterführt.

Unten am Uferweg
angekommen halten
wir uns rechts und lau-
fen am Blankeneser
Jollenhafen vorbei
und biegen direkt hin-
ter dem Jollenhafen
(sofort die erste Mög-
lichkeit) rechts in

Mediterranes Ambiente im
bergigen Norden

Leuchtturm am Mühlenberger Weg

»Baurs Treppe« ein. Hier führt ein steiler Weg mit 201 Stufen nach oben. Am Ende der Treppe folgend weitere gepflasterte Steigungen. Sehen wir hier nach links, bietet sich wieder der einmalige Elbblick mit den Inseln Neßsand und Schweinesand im Westen.

An »Bröers Treppe« biegen wir nach links und laufen auf einem engen und verwinkelten Weg 217 Stufen hinab zur Elbe und laufen, sobald wir dann vom Osterweg in den Strandweg einbiegen, nach rechts. Auf der linken Seite zur Elbe hin finden sich ein paar sehr gepflegte, pittoreske Schrebergärten, rechter Hand hübsche Häuser mit wunderbarem Elbblick. Wir hören Möwengeschrei und das Brummen von Schiffsmotoren.

Nach gut 100 Metern erreichen wir das weiß getünchte, aus der Zeit um 1900 stammende kleine und feine »Strandhotel« und laufen genau hier die »Strandtreppe« rechts hinauf. Wieder ragt eine Treppe vor uns steil in den Himmel. Uns wird klar, dass die Briefträger in diesem Stadtteil gut trainierte Läufer sein müssen. Briefträger als Bewegungsmuffel hätten hier keine Chance. Wieder erklimmen wir 167 Stufen und diverse, gepflasterte Steigungen, bis wir zu der sehr schmalen, sich durch die Häuser schlängelnden Blankeneser Hauptstraße (Verlängerung der Elbchaussee bis zum Strandweg) kommen.

Hier halten wir uns links, und biegen nach etwa 100 Metern halb rechts in »Beckers Treppe« ein, steigen weiter bis »Flashoffs Treppe«, halten uns hier rechts, bis wir nach 105 Stufen die kleine Anliegerstraße »Kiekeberg« erreichen. Wir laufen nach rechts und biegen gleich nach gut 50 Metern nach in den kleinen, beschaulichen Hessepark ein. Wir laufen einen Halbkreis links herum um den Kinderspielplatz und das dahinter im Grün versteckte Schulfreibad des Blankeneser Gymnasiums und erreichen nach etwa 400 Metern wieder die Straße »Kiekeberg«, der wir diesmal nach rechts folgen. Nach etwa 80 Metern biegen wir scharf links in den im wahrsten Sinne des Wortes »Steilen Weg« ein. Bereits nach 11 Stufen bietet sich uns wieder ein phänomenaler Blick auf die Elbe mit ihren Inseln. Nach insgesamt 182 Stufen erreichen wir die sehr schmale, beschauliche Blankeneser Hauptstraße.

Zuerst laufen wir hier 10 Meter nach links laufen und dann sofort rechts in »Lesemanns Treppe« und es geht weiter die 127 gewundenen Stufen hinunter zum unteren Teil der Blankeneser Hauptstraße. Auf ihr 20 Meter nach links laufen, dann in den Elbgang hineinbiegen. Nach weiteren 19 Stufen erreichen wir wieder den nahe am Ufer verlaufenden Strandweg.

Dort halten wir uns rechts und biegen nach 20 Metern direkt auf den Elbstrand ein. Jetzt könnten wir, falls wir es wollten, auch längere Strecken auf Sand laufen. Wer dies nicht mag, kann auf den schmalen Betonweg di-

Endlose steile Treppen und Wege: Hier wird der Hamburger zur Bergziege.

Ausblick vom Bismarckstein auf die Elbinsel

rek am Elbufer ausweichen. Wir folgen der Elbe stromabwärts in Richtung des rotweiß gestreiften Leuchtturms. Rechts der Blick auf die am Hang klebenden Häuser, links auf die meistens mit großen und kleinen Schiffen stark befahrene Elbe. Kurz vor Erreichen des direkt am Ufer gelegenen Leuchtturms überqueren wir wieder die Straße und laufen rechts neben dem Gasthaus »Am Leuchtturm« in die schmale Gasse »Krumdahl« hinein.

Wieder erleben wir im Wechsel Treppen und gepflasterte Steigungen, laufen an der »Sechslingstreppe« vorbei und gelangen nach 87 Stufen und diversen Steigungen an eine Verzweigung des Weges, wo wir uns links halten. Nach insgesamt 109 Stufen erreichen wir die kleine Wohnstraße »Krumdahler Weg«. Hier rechts und sofort wieder links in die Richard-Dehmel-Straße, wo wir nach 150 Metern weiterer

Der Hamburger Gipfel:
83 Meter über Meereshöhe

Steigung den kleinen Park »Bismarckstein« erreichen.

Wir laufen nach links in den Park hinein, erklimmen die 14 Stufen, halten uns rechts und laufen durch den Wald im Halbkreis um den Bergkegel herum, bis wir zur Aussichtplattform »Marine-Gedenkstein« kommen. Wieder zeigt sich ein grandioser Ausblick auf die Elbinsel Schweinesand, die aus dieser Perspektive dank ihrer im Halbkreis gewundenen Ostspitze wie ein Atoll aussieht. Dahinter schweift der Blick weit in das »Alte Land« hinein, Norddeutschlands Obstgarten, ein zur Apfelblüte im Mai besonders schönes Ausflugsziel.

Unser Weg führt jetzt weiter zur asphaltierten Anliegerstraße »Bismarckstein«, die den soeben umlaufenen Bergkegel von der anderen Seite umschließt, so dass wir wieder genau an der Stelle ankommen, an der wir in den Park hineingelaufen sind. Wir folgen wieder der Richard-Dehmel-Straße, und laufen nun auf den meist beflaggten burgartigen Turm des Süllberg-Hotels zu, das sich auf dem Gipfel des Süllbergs befindet. An der Straße »Süllbergterrasse« halten wir uns leicht rechts und folgen nach 300 Metern der Straße im scharfen Linksbogen (anstatt geradeaus die Treppe zur Elbe hinunter zu nehmen). Wir kommen rechter Hand an »Schmudts Treppe« und linker Hand an »Schuldts« idyllischem Kaffee- und Biergarten vorbei und laufen geradeaus in den Fußweg hinein. Auch an der rechts liegenden Süllbergtreppe laufen wir vorbei, biegen nach ein paar Stufen rechts in »Bornholdts Treppe« ein, wo wir uns uns immer leicht rechts halten, bis wir nach weiteren 152 Stufen wieder die Blankeneser Hauptstraße betreten. Direkt auf der anderen Straßenseite laufen wir in »Krögers Treppe« hinein, nach 55 Stufen biegen wir nach rechts in »Brandts Weg« hinein. Dieser Weg ist ausgesprochen eng, verwinkelt und führt mitten durch die sich eng an eng schmiegenden Häuser. Nach weiteren 56 Stufen erreichen wir wieder die Blankeneser Hauptstraße, folgen ihr 100 Meter nach rechts und laufen dann rechter Hand wieder »Lesemanns Treppe« (diesmal nur 47 Stufen) hinunter bis zur Aufzweigung der Treppe. Hier laufen wir links in »Sagebiels Treppe« hinein und kommen nach 84 Stufen wieder am Strandweg an.

Hier können wir uns entscheiden, ob wir zu einer Erfrischung zu »Sagebiels Fährhaus« mit der wundervollen Bier- und Kaffee-Terrasse hinauf wollen (121 Stufen), oder ob wir nun direkt in Richtung Fähranleger (Landungsbrücke Blankenese) laufen, uns dort links am Strand an den zahlreichen Strandcafés entlang in Richtung Blankeneser Jollenhafen halten und dann am Elbuferweg bis zum Mühlenberger Weg laufen.

Ein Abstecher in den Hirschpark lohnt sich immer.

Dort folgen wir nach links der Steigung des Mühlenberger Weges und biegen nach 150 Metern links in den sich serpentinenartig hoch schlängelnden Waldweg ein. Wir laufen bergan durch den Buchenwald des »Baurs Park«, bis uns der Weg wieder zum Blankeneser Leuchtturm, unserem Ausgangspunkt, zurückführt. An der Aussichtsplattform am Fuße des Leuchtturms (Kanonenberg genannt) erkennen wir auch die Pflastersteintreppe wieder, die uns zu Anfang unseres Laufes zum ersten Mal vom Elbhang hinunter zur Elbe leitete.

Hier laufen wir geradeaus vorbei bis zu dem Ende der Sackgasse, folgen der kleinen Straße etwa 100 Meter weit, biegen scharf rechts ab in Richtung Blankeneser Ortsamt und Eduard Hallier Bücherhalle und erreichen nach weiteren wenigen hundert Metern unseren Ausgangspunkt, den Parkplatz Elbchausse/Mühlenberger Weg.

Wer jetzt noch Lust auf eine kleine Entdeckung hat, dem sei der Hirschpark empfohlen. Von unserem Parkplatz aus laufen wir die Elbchaussee entlang in Richtung Innenstadt, biegen nach 400 Metern in den »Pepers Diek« ein und gelangen nach weiteren 200 Metern zum »Mühlenberg« (nicht zu verwechseln mit dem »Mühlenberger Weg«, dem Ausgangspunkt unseres Laufes) genau dort, wo ein Weg in den Hirschpark hineinführt.

Der ideale Einstieg befindet sich am Westeingang, unmittelbar an dem bekannten, romantisch reetgedeckten Restaurant, Frühstückslokal und Café »Witthüs«. Hier können wir verschiedene Wege wählen. Es bietet sich an, an der im klassizistischen Stil erbauten Ballettschule »Lola Rogge« vorbeizulaufen in Richtung Elbe, den Buchenwald zu durchqueren, linker Hand zu dem eingezäunten Rotwildgehege zu gelangen, der dem Hirschpark seinen Namen gab, es in einem Linksbogen zu umrunden und kurz vor der Elbchaussee links in Richtung Ausgangspunkt abzubiegen.

Wir passieren den kleinen und feinen »Blankeneser Tennisclub« und sehen nun linker Hand ein gigantisch anmutendes Rhododendrongebüsch. Zur Blütezeit im Mai verwandelt sich dieser wahrscheinlich größte Hamburger Rhododendron in ein riesiges Blütenmeer. Es ist wunderschön, in der Mitte durch den Busch zu laufen. Am Ende des Rhododendrons sehen wir bereits das »Witthüs« und laufen durch den Rosengarten wieder in Richtung des Parkeinganges, durch den wir anfangs gekommen waren. Jetzt sind es nur noch 600 Meter entlang »Pepers Diek« und der Elbchaussee zurück zu unserem Ausgangspunkt, dem Parkplatz Elbchaussee Ecke/Mühlenberger Weg.

Streckenprofil

Streckenlänge:
    6,9 km ohne Hirschpark; 10 km mit Hirschpark

Bodenbeschaffenheit:
    Treppen, Treppen, Treppen;
    Waldboden und Sandwege im Hirschpark

Geeignet für:
    Fortgeschrittene

Treffpunkt:
    Parkplatz Elbchaussee/Ecke Mühlenberger Weg

Besonderheiten:
    Deutschlands atemberaubendstes Treppenlabyrinth

Sonstiges:
    Höhenmeter ohne Ende

Höhenprofil

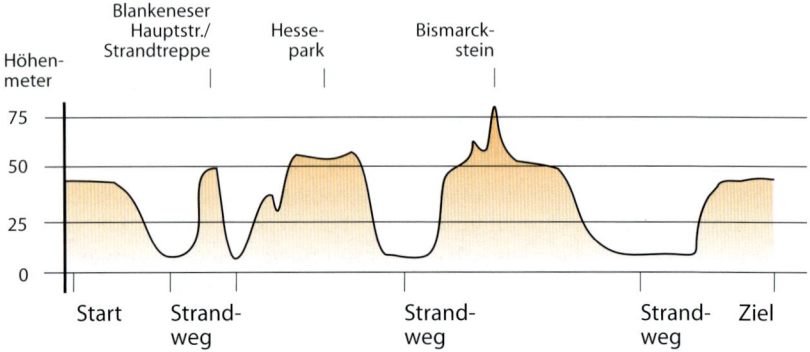

Streckentelegramm

Parkplatz Elbchaussee/Ecke Mühlenberger Weg +++ Mühlenberger Weg +++ Ortsamt Blankenese +++ Blankeneser Leuchtturm +++ Blankeneser Jollenhafen +++ Baurs Weg +++ Bröers Treppe +++ Osterweg +++ Strandweg +++ Strandhotel +++ Strandtreppe +++ Blankeneser Hauptstraße +++ Beckers Treppe +++ Flashoffs Treppe +++ Kiekeberg +++ Hessepark +++ Kiekeberg +++ Steiler Weg +++ Blankeneser Hauptstraße +++ Lesemanns Treppe +++ Blankeneser Hauptstraße +++ Elbgang +++ Strandweg +++ Leuchtturm +++ Krumdahl +++ Sechslingstreppe +++ Krumdahler Weg +++ Richard-Dehmel-Straße +++ Bismarckstein +++ Aussichtsplattform +++ andere Seite bismarckstein zurück +++ Richard-Dehmel-Straße +++ Süllbergterrasse +++ Schuldts Kaffee- und Biergarten +++ Bornholdts Treppe +++ Blankeneser Hauptstraße +++ Krögers Treppe +++ Brandts Weg +++ Blankeneser Hauptstraße +++ Lesemanns Treppe +++ Sagebiels Treppe +++ Strandweg +++ Fähranleger +++ Blankeneser Jollenhafen +++ Mühlenberger Weg +++ Leuchtturm +++ Ortsamt Blankenese +++ Ausgangspunkt Elbchaussee/Mühlenberger Weg.

Zusatzrunde Hirschpark:

Elbchaussee +++ Pepers Diek +++ Witthüs +++ Lola-Rogge-Schule +++ Richtung Elbe +++ Buchenwald +++ Rotwildgehege +++ Elbchaussee +++ Blankeneser Tennisclub +++ Hamburgs größter Rhododendrenwald +++ Witthüs +++ Pepers Diek +++ Elbchaussee +++ Ausgangspunkt

Strecke 7

8 Die Elbparks

Am Eingang zum Hessepark

Laufen wie Gott in Hamburg:
luftig leicht durch Hamburgs Prachtviertel
Von Blankenese aus führt eine besonders reizvolle Laufstrecke oberhalb des Falkensteiner Ufers durch die Elbparks nach Wittenberge. Das Besondere hieran sind die diversen Steigungen und Gefälle inmitten wunderschöner Parkanlagen sowie der ungewöhnliche Ausblick auf den hier bereits mächtigen Elbstrom mit seinen Inseln und dem dahinter liegenden Alten Land.

Vom Blankeneser Bahnhof aus laufen wir in die Blankeneser Bahnhofstraße hinein. Hinter der Osterleystraße biegen wir nach rechts in eine kurze Sackgasse hinein, die uns direkt in den 200 Jahre alten Hessepark mit seinem alten Baumbestand führt. Wir durchqueren diesen Park geradeaus, überqueren die Straße »Am Kiekeberg« und laufen links die »Charitas-Bischoff-Treppe« hinunter, die uns einen imposanten Blick auf den rechts liegenden Süllberg eröffnet. Der Blankeneser Hauptstraße folgen wir dann nach rechts hinunter, um an der Straße »Am Filand« den steilen Hang wieder hinaufzulaufen. Oben an der Kreuzung zeigt uns ein Holzschild den Weg zum 83 Meter hohen Bismarckstein, den wir rechts he-

Die kleine Elbjungfrau Blankenese
im Hessepark

Blankeneser Hauptstraße mit Süllberg

Am Bismarckstein: Die Elbe liegt uns zu Füßen.

rum bis zur Aussichtsplattform umlaufen. Hier öffnet sich der Blick auf die atollartig gewundene Elbinsel Neßsand sowie ihre lang gezogene Fortsetzung, den Schweinesand.

Am Ende der Plattform führt eine Treppe den Hang hinunter, und wir folgen dem Andreaskreuz bzw. dem Holzschild über den Falkentaler Weg zu dem Ende des 19. Jahrhunderts angelegten barocken Römischen Garten mit seinen Zypressen und dem in den 1920er Jahren entstandenen Heckentheater. Wir laufen weiter den Weg durch den Römischen Garten, der uns auf dem Höhenweg durch einen Eichen- und Buchenwald führt. An der späteren Weggabelung folgen wir dem Asphaltweg in Serpentinen den Hang hinunter zum Falkensteiner Weg, den wir

Abstieg vom Bismarckstein:
immer hier entlang!

● ● ● ● ● ● ● ● ●

Durch den Römischen Garten …

überqueren und auf der anderen Straßenseite in einen kleinen Weg einbiegen, der uns zu dem im Wald gelegenen Siebenweg bringt. Diesem Weg
folgen wir nach links, der später nach einer Häusergruppe in einen Sandweg übergeht. Kurz danach laufen wir nach rechts in den Weg hinein, der
in eine hoch aufsteigende Treppe einmündet. Am Ende der Treppe erreichen wir wieder einen Höhenweg, dem wir links weiter elbabwärts folgen.

… mit
Hecken-
theater …

Hier hängen in den Bäumen zahlreiche Fledermauskästen mit Einschlupfschlitzen an der Unterseite der Nistkästen, ein besonderes Schutzrevier für diverse Fledermausarten.

Wir bleiben solange auf diesem Höhenweg, bis uns ein Schild nach links zum Puppenmuseum im Sven-Simon-Park führt. Neben der

LANDHAUS MICHAELSEN

Die weiße Klinkervilla entstand 1923-25 nach Plänen von Karl Schneider für Hermann und Ite Michaelsen.
Sie ist ein Hauptwerk des Neuen Bauens in Hamburg.
Das Zentrum bildet der hohe Turm, von dem ein Flügel nach Süden verläuft, den Hang durch Terrassierung abstützend.
Rechtwinklig dazu, parallel zur Elbe, erstreckt sich der Wohntrakt.

Der seit den 70er Jahren ruinöse Bau wurde 1985 wiederhergestellt und dient seitdem als Museum.

Parkanlage mit ihrem Elbblick ist das 1921 von Karl Schneider im Bauhausstil entworfene, weiß getünchte Landhaus Michaelsen sehenswert. Wir laufen auf dem Hauptweg geradeaus durch den Park und laufen nach links in den Grotiusweg hinein, der in den Tinsdaler Kirchenweg übergeht.

… bis zum Sven-Simon-Park mit Landhaus Michaelsen

Wer mag, kann von hier aus mit der Buslinie 189 zum Blankeneser Bahnhof zurückfahren. Läufer, die ihr Training von hier aus fortsetzen möchten, laufen entweder denselben Weg, den wir bis hierher genommen haben, zurück oder folgen dem Tinsdaler Kirchenweg bis zum Wittenberger Weg, den wir dann nach links hinunter zum Falkensteiner Ufer an der Elbe entlang zurücklaufen. Vom Elbufer aus können wir an vielen Stellen wieder in den oben beschriebenen Weg einsteigen. Alternativ bleiben wir am Elbufer auf dem Strandweg und kehren von dort über die Blankeneser Hauptstraße, später dann die Blankeneser Bahnhofsstraße bis zum Blankeneser Bahnhof zurück.

Streckenprofil

Streckenlänge:
  10,7 km

Bodenbeschaffenheit:
  Gehwegplatten, planierte Sandwege,
  Asphaltwege, viele Treppen, Waldwege

Geeignet für:
  Fortgeschrittene

Treffpunkt:
  Bahnhof Blankenese

Besonderheiten:
  sehr hügelig, teilweise steil;
  Hamburgs höchster Berg:
  der Bismarckstein mit 83 Meter über N.N.

Sonstiges:
  Schöner geht es nicht!

Höhenprofil

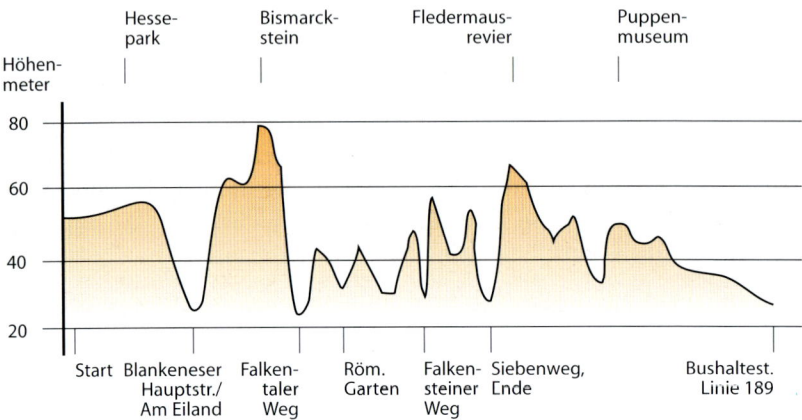

Streckentelegramm

Blankeneser Bahnhof +++ Blankeneser Bahnhofstraße +++ Osterleystraße ++ + Hessepark +++ Kiekeberg +++ Charitas-Bischoff-Treppe +++ Blankenser Hauptstraße +++ Am Eiland +++ Bismarckstein +++ Aussichtsplattform ++ + Falkentaler Weg +++ Römischer Garten +++ Höhenweg durch den Wald + ++ Falkensteiner Weg +++ Fledermausschutzrevier +++ Höhenweg durch den Wald +++ Puppenmuseum +++ Sven-Simon-Park +++ Grotiusweg +++ Tinsdaler Kirchenweg +++ Wittenberger Weg +++ Falkensteiner Ufer +++ Strandweg +++ Blankeneser Hauptstraße +++ Blankeneser Bahnhofstraße +++ Bahnhof Blankese

Strecke 8

9 Der Klövensteen und Schnaakenmoor

Wald, Wiesen und eine gespenstisch schöne Moorlandschaft

Den S-Bahnhof Rissen (S 1) verlassen wir aus der Innenstadt kommend in Fahrtrichtung über den rechten Ausgang und gehen über die Brücke in den Sandmoorweg hinein. Wer mit dem Auto kommt, kann bereits hier parken oder, wenn man die Lauftrecke verkürzen möchte, auf dem Sandmoorweg knapp 1,5 Kilometer weiterfahren und sein Fahrzeug an dem großen Parkplatz direkt an der »Waldschänke« abstellen.

Unsere Wegbeschreibung beginnt jedoch ganz am Anfang des Sandmoorweges, wo wir bereits sehr gut mit unserem Training beginnen können. Wir laufen durch ein ruhiges, beschauliches Wohnviertel und laufen an der Weggabelung Sandmoorweg/Rüdigergau nach halb links in den Wald hinein, folgen dem Waldweg parallel zum Sandmoorweg und erreichen nach insgesamt etwa 1 500 Metern die Waldschänke mit dem großen PKW-Parkplatz.

Im Schnaakenmoor

Hier laufen wir weiter geradeaus, rechts und teilweise auch links von uns liegt das Wildgehege, wo wir Wildschweine, Rot- und Damwild, Sikawild und eine Muffelfamilie beobachten können. Nach weiteren 500 Metern am

Gleich nach dem Wildgehege rechts in den Feldweg 85

Nordwestende des Wildparks, wo ein hölzerner, hoch gelegener Wildbeobachtungsturm steht, laufen wir nach rechts in den gut gekennzeichneten Feldweg 85 hinein. Nach etwa 300 Metern liegt links ein Hof und hier beginnt nun das Naturschutzgebiet »Schnaakenmoor«. Wir laufen über einen schmalen Weg, während sich links und rechts von uns moorige Wassertümpel und Moorteiche mit Binsenbewuchs erstrecken. Im morgendlichen Frühnebel fühlen wir uns hier in einen Edgar-Wallace-Film versetzt. Man trifft hier durchaus auf große, ausgewachsene Greifvögel, auf Kolkraben und kann den sehr selten gewordenen Eisvogel beobachten.

Nach gut weiteren 300 Metern laufen wir hinter dem letzten Moorteich in einen schmalen Pfad nach links. Nun liegt links von uns das Moor mit Torfdecken und Wasserflächen,

Feldweg 88

Der Butterbargsmoorweg

worin im späten Frühjahr das Wollgras sowie die Wiesenegge und das weiße Schnabelried wachsen. Rechts des Weges sehen wir eine sandige, mit
Birken, Kiefern und Heidekraut bewachsene ganz flache Dünenkuppe. Am
Ende dieses Weges treffen wir auf ein allein stehendes Haus. Hier biegen
wir nach links ab und stoßen bald darauf auf den Feldweg 88, dem wir
durch ein teilweise mooriges und teilweise sandiges Gelände folgen, das
mit Birken, Kiefern und niedrigem Moorgebüsch bewachsen ist.

Nach etwa 800 Metern kommen wir auf den asphaltierten Babenwischenweg. Links liegt ein großer Reiterhof. Wir laufen nach rechts und
nach 200 Metern links in den geteerten Feldweg 92, der uns durch eine
Knicklandschaft direkt in das Waldgebiet »Klövensteen« führt. Kaum dort
angekommen laufen wir schräg links in den Wald hinein, wo wir dem gelben Wanderpfeil HO (für Holm) folgen. An der nächste Waldkreuzung laufen wir ein kurzes Stück rechts und (bevor rechter Hand ein Waldteich auf-
taucht) sofort wieder links, weiter Richtung Holm. Wir stoßen nach dem
Wald auf den Butterbargsmoorweg, an dessen rechter Seite das schleswig-
holsteinische Naturschutzgebiet Buttermoor/Butterbargsmoor mit seinen

zahlreichen Moortümpeln und Moorbewuchs beginnt.

Wir folgen dem lang gezogenen, asphaltierten Weg. Gut 100 Meter hinter dessen Linksknick laufen wir links in den Fichtenforst. Wir stoßen nach 500 Metern auf den Seemoorweg, laufen hier ein ganz kurzes Stück nach rechts hinein, um sofort wieder nach links in den Wald einzubiegen. Nach weiteren 600 Metern sehen wir ein im Wald liegendes Einzelhaus.

Hier nehmen wir den Weg nach rechts und gelangen zum Haidehof, einem Zusammenschluss mehrerer Häuser. Wir laufen nach links, passieren zwei mächtige Findlinge, die rechts und links des Weges liegen und kommen in einen aus hohen Büschen und Bäumen gebildeten Hohlweg hinein. Wir müssen dem zickzackähnlichen Verlauf dieses Weges nur folgen und gelangen nach weiteren 600 Metern wieder zu dem Parkplatz an der Waldschänke. Dort können wir einen Schlenker in das Wildgehege hineinlaufen und treffen nach gut 400 Metern wieder auf den Sandmoorweg. Auf dem Waldweg, der parallel dem Sandmoorweg führt, kehren wir wieder auf denselben Weg, auf dem wir gekommen waren, zu unserem Ausgangspunkt zurück.

Zwei Findlinge säumen den Weg.

Streckenprofil

Streckenlänge:

11,8 km

Bodenbeschaffenheit:

planierte Sandwege, Asphaltwege, Waldwege, Moorwege

Geeignet für:

Anfänger, Fortgeschrittene

Treffpunkt:

Beginn des Sandmoorweges an der Brücke über die S-Bahn

Besonderheiten:

Wald, Moor, Wiesen, Weiden, Wildgehege

Sonstiges:

Für Kinder ist das Wildgehege besonders empfehlenswert.

Streckentelegramm

S-Bahnbrücke Sandmoorweg +++ Weggabelung Sandmoorweg/Rüdigergau halb links +++ Waldschänke +++ Wildgehege +++ Feldweg 85 +++ Naturschutzgebiet Schnakenmoor +++ an den Moorteichen links +++ Feldweg 88 nach links +++ Reiterhof am Babenwischenweg +++ rechts in den Feldweg 92 +++ Klövensteen in den Wald hinein +++ gelbem Wanderpfeil HO (Holm) folgen +++ vor dem Waldteich nach links +++ Butterbargsmoorweg +++ lange geradeaus +++ hinter Straßenknick nach links in den Fichtenforst +++ Seemoorweg queren +++ nach 600 Metern Einzelhaus +++ rechts zum Haidehof +++ hier links, dann an 2 großen Findlingen vorbei +++ Zickzackweg durch Wiesen und Wald +++ Parkplatz der Waldschänke am Wildgehege +++ Sandmoorweg zurück bis S-Bahnbrücke in Rissen

Strecke 9

Butterbargsmoor

Butterbargsmoorweg

Klöven-steen

Feldweg 92

Reiterhof

Babenwischenweg

Seemoorweg

Sandbargsmoor

Feldweg 88

Haidehof

Feldweg 85

Schnaaken-moor

Wild-gehege

P
Waldschänke

Au

Sandmoorweg

START
ZIEL

RISSEN

© LAS Verlag

10 Die Sülldorfer Kiesgrube

Trainingslager für Crossläufer

Die ehemalige, seit langem stillgelegte Sülldorfer Kies- und Sandgrube befindet sich zwischen den Stadtteilen Sülldorf und Rissen an der Sülldorfer Landstraße. Sie ist sehr gut erreichbar mit der S 1 bis Haltestelle Sülldorf. Von hier geht man in Richtung Rissen und biegt nach etwa 600 Metern links in die Straße »Wüstland« ein, an deren Ende sich bereits die Sand- und Kiesgrube befindet. Mit dem Auto kann man noch etwa 200 Meter weiter in Richtung Rissen fahren und dort links in eine unscheinbare Straße einbiegen, die zum Abenteuerspielplatz in der Kiesgrube führt. Hier wurde inzwischen auch ein Parkplatz angelegt.

Die Sülldorfer Kies- und Sandgrube ist der Geheimtipp für alle Läufer im Crosstraining. Die Hamburger Betriebssportmannschaften richten wegen des überaus interessanten Geländes hier regelmäßig eine Wettkampfstrecke für die Cross-Wertung ein.

Das Gelände erscheint mit seinen Ausmaßen von etwa 800 Metern Länge und 200 Metern Breite nicht sonderlich groß. Dafür bietet aber die inzwischen wieder weitgehend von der Natur zurück eroberte Kies- und Sandgrube einzigartige Möglichkeiten für das Koordinationstraining: Neben den inzwischen angelegten Spazierwegen können wir hier auf Sand-

Blick in die Sülldorfer Kiesgrube

und Kiesböden trainieren und unser Krafttraining an enorm steilen Steigungen bergauf und bergab absolvieren. Dieses häufig vernachlässigte Training ist ideal zur Kräftigung und Stabilisierung der bei vielen Läufern instabilen Sprunggelenke. Zum lockeren Ein- und Auslaufen bietet sich das hinter der Kiesgrube gelegene Waldstück an.

Die Sülldorfer Cross-Grube ist auf jeden Fall eine Entdeckungsreise wert.

Streckenprofil

Streckenlänge:
> Rundweg 2 km; in Kiesgrube beliebige Cross-Strecken

Bodenbeschaffenheit:
> Sand, Kies

Geeignet für:
> Fortgeschrittene

Treffpunkt:
> Bundesamt für Seeschifffahrt und Hydrographie

Besonderheiten:
> Steile Hänge, Sand und Kies

Sonstiges:
> Gutes Einlaufen im direkt benachbarten Waldpark Marienhöhe

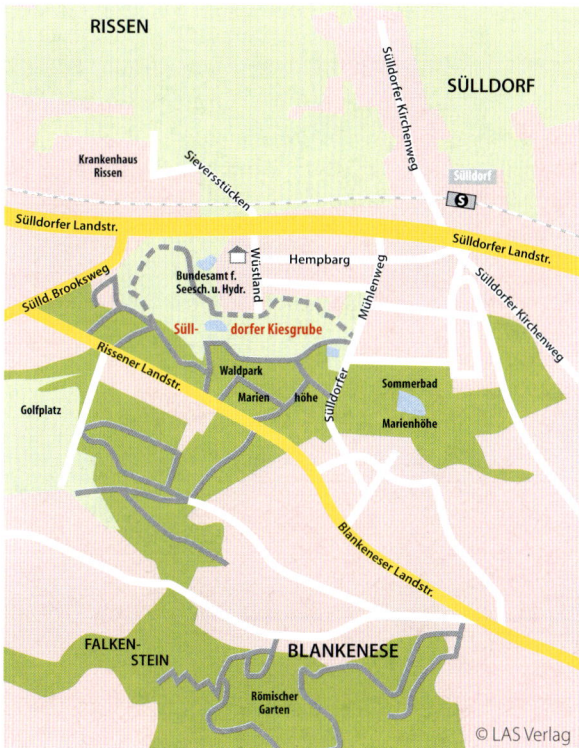

Strecke 10

11 Das Alstertal

O₂ im Blut: Lauf durch die grüne Hölle des Nordens

Der Fluss Alster entspringt etwa 40 Kilometer nördlich der Hamburger Stadtgrenze und gelangt bei Duvenstedt auf das Hamburger Stadtgebiet. Von dort aus schlängelt sich der Fluss noch 20 Kilometer durch die nördlichen Hamburger Stadtteile, um an der Krugkoppelbrücke in den aufgestauten Alstersee, die Außenalster, zu münden.

Es ist also bei weitem nicht nur die berühmte Außenalster, die der Stadt ihr Gepräge gibt, sondern für die nördlichen Stadtteile gilt dies ebenso für den Flusslauf der Alster. Läufer können fast ohne Ausnahme direkt an der Alster auf guten Laufwegen vom Jungfernstieg in der Innenstadt bis ins ländliche Duvenstedt im Norden Hamburgs laufen und dabei eine Strecke von etwa 23 Kilometern zurücklegen.

Auf dieser besonders guten und interessanten Laufstrecke findet ab dem 13. Oktober 2002 auch Hamburgs zweites größtes Marathon-Ereignis statt, der Fit-imPuls-Alstermarathon. Dieser Lauf verbindet die Strecken des Stadtparks mit den Laufstrecken des Alstertals.

Die Außenalster einschließlich des Flusslaufes bis zum Winterhuder Fährhaus wurde bereits in Laufstrecke 1 »Der Klassiker: die Alster mit Überraschungen« beschrieben.

Die zweite ungewöhnliche Alsterlaufstrecke beginnt idealerweise an der Ratsmühlenbrücke, die die Stadtteile Fuhlsbüttel und Klein Borstel ver-

Laufen durch den Dschungel des Nordens …

bindet und hier die Fuhlsbüttler Schleuse bildet. Die Laufstrecke ist sehr gut zu erreichen mit der U1 bis Haltestelle »Klein Borstel«. Von hier aus führt eine Sackgasse am Albert-Schweitzer-Gymnasium vorbei zum Clubhaus Oberalster, das direkt an der Alster liegt. Hier überquert auch die große Brücke der U1 oberirdisch die Alster. Die Sackgasse bietet außerhalb der üblichen Schulzeiten zahlreiche Parkmöglichkeiten.

An der Brücke der U1 bzw. dem Clubhaus Oberalster startet der jährlich ausgetragene Halbmarathon »Durch das schöne Alstertal«, einer von drei Wettkämpfen des jeweils im September stattfindenden »Hamburg Cup«. Von hier aus können wir eine beliebig weite Laufstrecke durch das grüne Alstertal planen, ohne jemals von Autos oder Abgasen belästigt zu werden.

Selbstverständlich können Läufer ebenso gut an beliebigen anderen Stellen des Alstertals ihren Lauf beginnen, zumal das nur etwa 500 Meter breite Alstertal stets von allen Seiten gut zugänglich ist. Dem geschlängelten Lauf der Alster folgend, die durch Änderungen des Flusslaufes viele Teiche und Feuchtwiesen hinterlassen hat, inmitten der üppigen, im Sommer fast tropischen Begrünung ahnt der Läufer oder Spaziergänger nicht, dass er hier von Wohngebieten umgeben ist. Vielmehr hat man das Gefühl, weit draußen auf dem Lande zu sein, da hier auch nur sehr selten Verkehrslärm zu hören ist.

Sie ahnen es bereits: ein weiteres Hamburger Läuferparadies!

Begeben wir uns auf die Spuren des FitimPuls-Alstermarathons, so sind wir die beste und bekannteste Laufstrecke fast komplett abgelaufen.

… über die Poppenbüttler Schleuse

… über Stock und Stein …
Wer mag, findet neben guten
planierten Sandwegen auch
zahlreiche Crosslaufstrecken.

Wir starten in diesem Fall am Albert-Schweitzer-Gymnasium direkt am Flusslauf an der U-Bahn-Brücke und laufen flussaufwärts in Richtung Wellingsbüttel/Poppenbüttel. Kurz nach der U-Bahnbrücke lassen wir rechts den Fußballplatz liegen und halten uns immer auf dem Weg, der direkt am Fluss entlangführt. Nach zwei Kilometern überqueren wir die Alster an der Brücke »Grüner Winkel« und laufen am anderen Ufer der Alster weiter. Links von uns breiten sich nun diverse Teiche und Feuchtwiesen aus, bis wir nach gut einem Kilometer zum Sportplatz des Uhlenhorster Tennis- und Hockey-Clubs (UHC) gelangen. Hier überqueren wir wieder die Alster und folgen auf einem sehr sanft ansteigenden Weg weiter dem Alsterwanderweg.

Die Strecke führt durch einen Buchenwald, bis wir nach zwei Kilometern das Wellingsbüttler Torhaus erreichen, ein markantes Gebäude aus dem 18. Jahrhundert. Nach einem weiteren Kilometer gelangen wir an eine kleine Holzbrücke, die über eine Minischlucht führt. Hier ist der 10-Kilometer-Wendepunkt. Wer hier wieder umkehrt, ist im Ziel genau 10 Kilometer weit gelaufen.

Wer weiterlaufen mag, überquert kurz darauf wieder die Alster über eine große, geschwungene Betonbrücke, so dass ab hier die Alster rechter Hand liegt. Weiter geht es leicht bergan, bis wir nach einem Kilometer ein Tal mit breiten grünen Feuchtwiesen finden und unterqueren wenig später eine der Hamburger Hauptverkehrsadern, den Ring 2 (hier »Saseler Damm« genannt). Wir erreichen die Poppenbütteler Schleuse mit einem größeren aufgestauten Teich. Ein Restaurant lockt mit Erfrischungen.

Für viele Läufer ist die Poppenbütteler Schleuse ein beliebter Ausgangspunkt für einen Lauf durch das Alstertal.

Wir folgen weiter dem Weg flussaufwärts und kommen nach 500 Metern in ein mit vielen Wegen durchzogenes Feuchtgebiet. Am besten halten wir uns auch hier direkt am Flusslauf, wo wir oft mit Kanufahrern wetteifern können. An der nächsten Brücke queren wir wieder einmal die Alster und laufen nun die Treppen bergan zum Gasthaus »Mellingburger Schleuse«, Gelegenheit zu einer weiteren Erfrischung. Bereits hier spüren wir, dass wir nun eine sehr anspruchsvolle Strecke vor uns haben mit zahlreichen Anstiegen und Gefällen.

Weiter geht es nun steil bergab zur Schleuse, hinter der wir uns scharf rechts halten und wieder bergauf bis zur Pferdekoppel laufen. Hier können wir entscheiden, ob wir lieber rechts oder links um die Koppel laufen, jedenfalls stellt diese Koppel die Wendemarke des Alstertaler Halbmarathons dar. Nach einer Runde um die Koppel laufen wir denselben Weg bergab, den wir zuvor erklommen haben. Diesmal laufen wir jedoch nicht über die Mellingburger Schleuse, sondern folgen dem sehr schmalen, eingezäunten Weg, der an der Schleuse genau geradeaus weiter verläuft. Wieder geht es bergauf. Wir werden mit einem grandiosen Blick auf die große Alsterschleife belohnt, die sich hier in einer ausgedehnten Linkskurve durch die Wiesen zieht.

Nach etwa einem Kilometer erreichen wir die Lehmsahler Landstraße, der wir etwa 100 Meter nach links folgen, hier in die Straße »An der Alsterschleife« einbiegen und wieder nach etwa 100 Metern dem Fußweg steil abwärts hinunter zum Alsterlauf folgen.

Hier beginnt tatsächlich so etwas Ähnliches wie »Crosstraining«. Es geht auf und ab und wir folgen dem Weg, der sich dicht an die

… zur Mellingburger Schleuse, und wieder zurück

Straße »An der Alsterschleife« hält. Kurz darauf erreichen wir ein paar Teiche im Buchenwald, die wir linker Hand liegen lassen und kommen nun wieder direkt an den Alsterflusslauf.

Ab hier laufen wir genau den Weg, den wir gekommen sind, zurück. Langeweile kommt nicht auf. Die zahlreichen Wiesen, die unendlich wirkenden Mäander der Alster, zahllose schöne Gärten, die vielen Teiche und Feuchtgebiete und die immer wiederkehrenden Möglichkeiten, die Laufstrecke durch kleine Umwege oder Abkürzungen variieren zu können, lassen Eintönigkeit nicht zu.

Am Ende dieser Strecke haben wir es geschafft: einen neuen Halbmarathon durch eine einzigartige Flusslandschaft.

Streckenprofil

Streckenlänge:

19,4 km

Bodenbeschaffenheit:

Planierte Sandwege, Waldwege

Geeignet für:

Fortgeschrittene; Anfänger (nur kurze Teilabschnitte)

Treffpunkt:

U-Bahn-Brücke am Albert-Schweitzer-Gymnasium

Besonderheiten:

Teilweise steile Anstiege und Gefälle, Möglichkeiten zum Crosslauf

Sonstiges:

Keine einzige Straße muss überquert werden.

Streckentelegramm

U-Bahn-Brücke Albert-Schweitzer-Gymnasium +++ flussaufwärts +++ Brücke am »Grünen Winkel« +++ Uhlenhorster Tennis- und Hockeyclub +++ Wellingbüttler Torhaus +++ große, geschwungene Betonbrücke über die Alster +++ Unterquerung des Ring 2 (Saseler Damm) +++ Poppenbüttler Schleuse +++ weiter direkt am Flusslauf +++ Mellingburger Schleuse +++ bergan zur Pferdekoppel (Hunskoppel) +++ um die Koppel herum zurück zur Mellingburger Schleuse +++ an der Schleuse geradeaus in den schmalen, eingezäunten Weg +++ Lehmsalerstraße +++ zur Straße »An der Alsterschleife« +++ Fußweg steil abwärts zum Alsterlauf +++ von hier gleichen Weg zum Ausgangspunkt U-Bahn-Brücke Albert-Schweitzer-Gymnasium zurück

Strecke 11

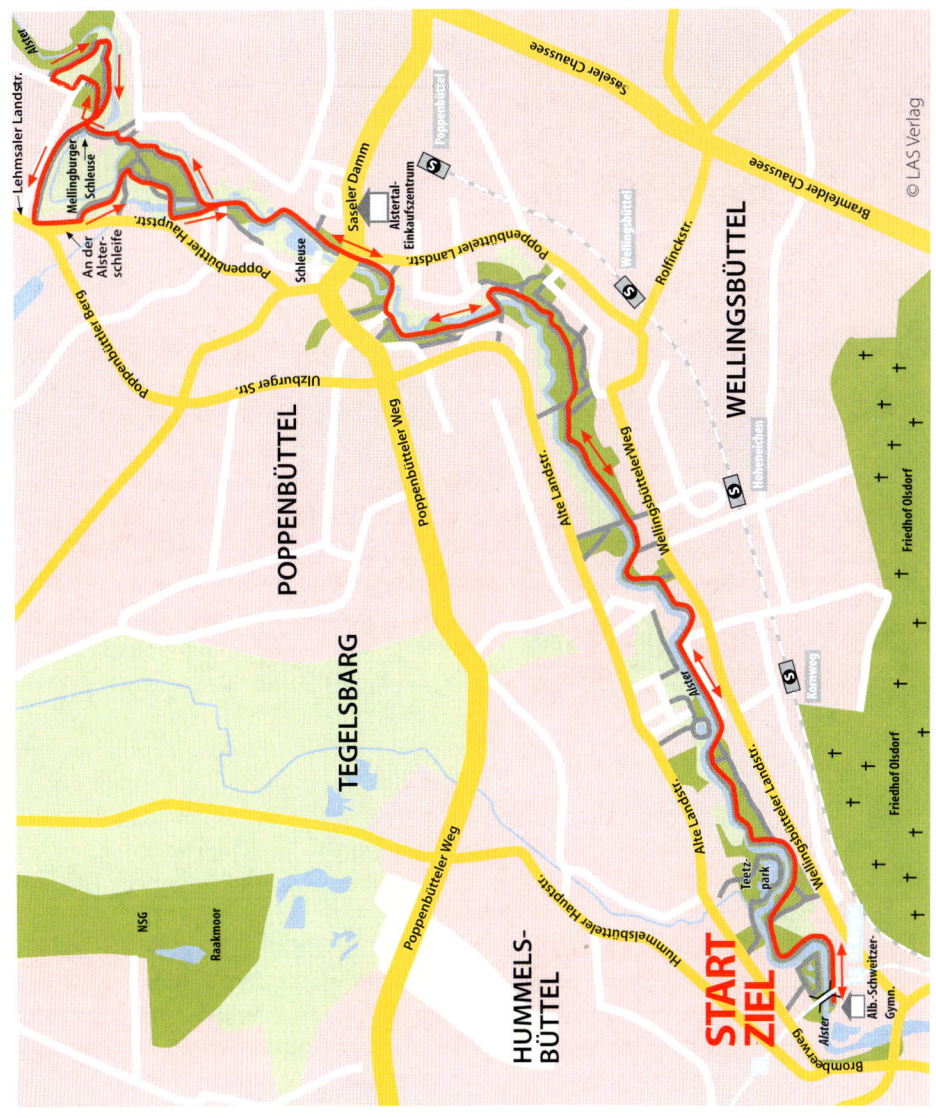

12 Volksdorfer Teichwiesen

Weg auf der Nordseite

Naturpark im Wohngebiet

Die Volksdorfer Teichwiesen liegen, wie der Name unschwer erkennen lässt. im Ortsteil Volksdorf. Diese Laufstrecke ist sehr gut erreichbar mit der U1 bis Haltestelle Volksdorf oder mit dem PKW, den wir am besten direkt am Volksdorfer Wochenmarkt oder auf der gegenüberliegenden Straßenseite der Straße »Halenreie« neben der Heilig-Kreuz-Kirche parken. Hier befinden wir uns bereits direkt am Einstieg für unsere Laufstrecke.

Der Lauf um die Volksdorfer Teichwiesen umfasst mehrere kleine Höhen und Steigungen und beträgt 2,6 Kilometer. Hier veranstaltet der 100-Marathon-Club oft seine Marathonlaufserien. Um die Jahreswende 2001/2002 fand hier an zwölf direkt aufeinander folgenden Tagen jeweils ein Marathon statt. Um die stattlichen 42,195 Kilometer zu erreichen, muss man die Teichwiesen genau 16 und $\frac{1}{3}$ Mal umrunden. Eine umso beachtlichere Leistung, als die Wege in diesem Jahr oft verschneit und vereist waren. Bei dieser Laufserie kann man entweder einzelne Läufe mitlaufen oder auch die gesamte Serie von zwölf Marathons an zwölf Tagen bestreiten.

Die Strecke ist abwechslungsreich und von besonderer Schönheit, so dass selbst bei 16 $\frac{1}{3}$ Runden zumindest dem Autor keine Langeweile aufkam.

Wer nur zur Entspannung oder zum Training hier laufen möchte, kann die Laufstrecke erweitern, indem er oder sie in den Wald westlich der Teichwiesen hineinläuft und ihn bis zur kaum befahrenen Straße »Bekwisch« durchquert. Hier halten wir uns links und erreichen den ebenfalls kaum befahrenen »Saseler Kamp«, an dessen Ende wir den Volksdorfer Weg

Am Scheideweg:
heute die längere Runde (1 + 8)?

überqueren und unseren Lauf in das gegenüberliegende Waldstück hinein fortsetzen. Wir folgen dem Weg bis zu dem Flüsschen »Berner Au« und laufen hier in linker Richtung auf schmalen, federnden, elastischen Waldwegen entlang. Rechts von uns liegen Koppeln und Wiesen, links der Waldrand.

Der Weg führt uns bis zu dem wuchtigen, wilhelminischen Johann-Petersen-Heim, eine Institution der Hamburger Lebenshilfe. Hier am Johann-Petersen-Heim überqueren wir den »Saseler Weg« und laufen direkt auf der anderen Straßenseite wieder in das Gebiet der Teichwiesen hinein. Wir folgen dort dem Bach entlang durch die Feuchtwiesen und erreichen nach wenigen hundert Metern wieder die Teichwiesenrunde, die wir, sooft wir können oder wollen, wieder laufen können. Und wer mag, informiert sich beim 100-Marathon-Club über die nächste Laufveranstaltung.

Naturerlebnis …

…inmitten der Großstadt

Streckenprofil

Streckenlänge:

kurze Strecke ohne Waldlauf: 2,6 km;

lange Strecke mit Waldlauf: 5,2 km

Bodenbeschaffenheit:

planierte Sandwege, Asphalt, Waldwege, Gehwegplatten

Geeignet für:

Anfänger, Fortgeschrittene

Treffpunkt:

Teichwiesen, Zugang Halenreie

Besonderheiten:

Laufstrecke des 100-Marathon-Clubs

Streckentelegramm

Zugang Halenreie +++ rechts um die Teichwiesen +++ am Ende der Teichwiesen geradeaus in den Wald hinein +++ an der Straße »Bekwisch« links +++ Straße »Saseler Kamp« bis Volksdorfer Weg +++ weiter geradeaus in den Wald hinein +++ bis zum Flüsschen »Berner Au« +++ hier links am Waldrand entlang +++ bis zum wuchtigen Wilhelminischen »Johann-Petersen-Heim« +++ Querung des Saseler Weges +++ dem Bach folgen bis Teichwiesenrunde +++ an den Teichwiesen rechts entlang zum Ausgangspunkt Halenreie

Strecke 12

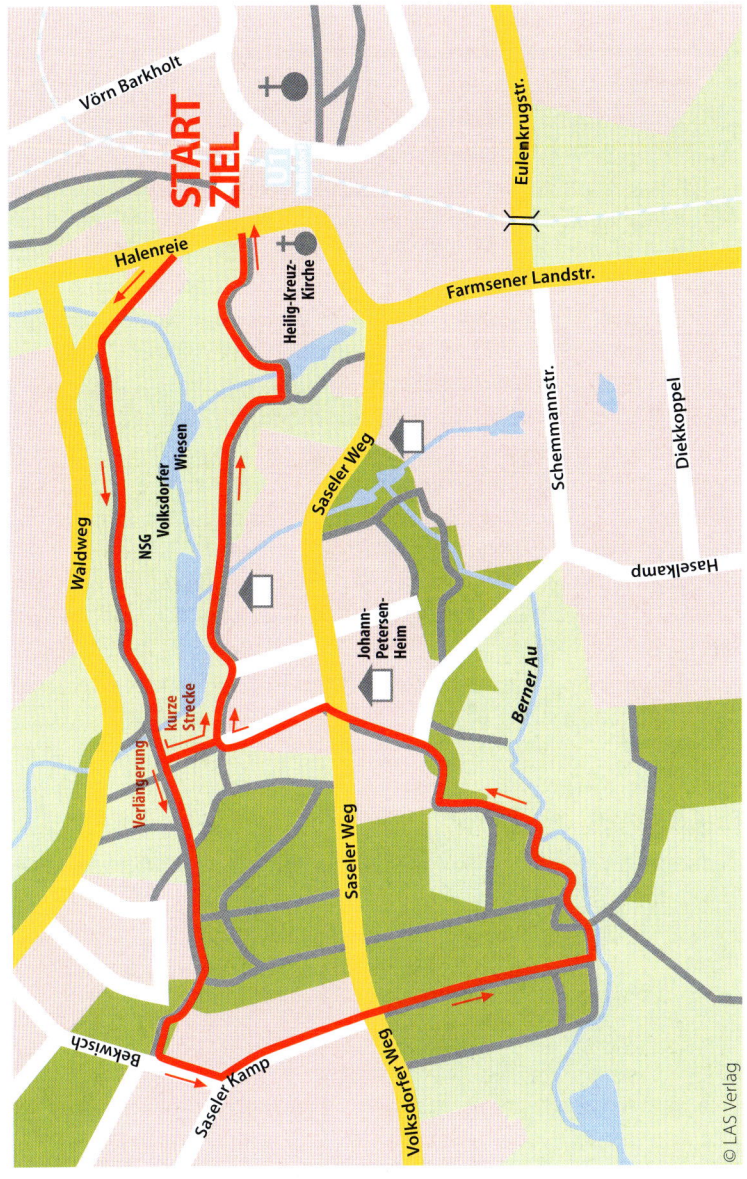

13 Rodenbeker Quellental mit den Naturgebieten Hainesch und Iland

Quellen, Wald, Moore und Wiesen inmitten der Großstadt

Das Rodenbeker Quellental im Norden Hamburgs im Ortsteil Wohldorf-Ohlstedt gelegen, gehört mit Sicherheit zu den schönsten Wasser- und Waldlandschaften innerhalb deutscher Großstädte.

Es ist gut erreichbar mit der U1 bis zur Endstation Ohlstedt oder mit dem Auto von der Innenstadt kommend über Poppenbüttel in die Bergstedter Chaussee hinein, anschließend über den Wohldorfer Damm, der übergeht in die Bredenbekerstraße. Von hier biegen wir nach links in die Straße »Haselknick« ein, an deren Sackgassenende man gut parken kann. Das Sackgassenende der Straße »Haselknick« ist von der U-Bahn-Haltestelle Ohlstedt exakt 1000 Meter entfernt, also gut zu Fuß durch angenehm ruhige Wohnstraßen hindurch zu erreichen.

Wir beginnen unseren Lauf rechts neben dem großen, unübersehbaren Holzschild, das uns einige Erklärungen zu der naturgeschichtlichen Entstehung des Quellentals gibt. Wir finden hier nicht nur ein ungewöhnlich schönes Laufrevier, man trifft hier auch auf sehr seltene Wasserpflanzen und Vögel wie beispielsweise den Eisvogel mit seinem blauen Gefieder.

Sobald wir rechts neben dem großen Holzsschild gestartet sind, laufen wir zunächst auf dem asphaltierten Weg in Richtung Alster, umlaufen direkt an der Alster den Campingplatz und befinden uns nun auf dem Alsterwanderweg mitten im moorigen Quellental. Wir folgen der Alster fluss-

Über die Hügel des Rodenbeker Quellentals

Gunnera am Gasthof »Quellental«

abwärts, überqueren immer wieder kleine Bäche, atmen die feuchte, teilweise leicht moorige Luft ein und laufen durch kleine Anhöhen und kleine Täler durch den Wald. Nach etwa 600 Metern überqueren wir linker Hand das Flüsschen »Bredenbek« und folgen immer dem an den Bäumen angebrachten gelben Pfeil in Richtung Poppenbüttel (Gelber Pfeil mit P für Poppenbüttel) nach rechts. Nach mehreren kleinen Bächen und Brücken erreichen wir den weiß getünchten Gasthof »Quellental«, der mit seinem großen Weiher das Ende des Rodenbeker Quellentals markiert.

Wir laufen an dem großen Weiher entlang und halten uns am Ende des Weihers leicht rechts, um die Straße »Trillup« zu überqueren und erreichen auf der gegenüberliegenden Straßenseite wieder das Alstertal. Wir laufen auf dem linken Ufer der stark mäandernden Alster und steigen die Anhöhe in den Buchenwald hinein. Bald erreicht der Weg die kleine, kaum befahrene Straße »Kortenland«, der wir vom oberen (nördlichen Ende) bis zum unteren (südlichen) Ende folgen. Dort befindet sich ein kleiner Weg, der zwischen den Häusern hindurch wieder in den Buchenwald hineinführt und uns über ein Treppchen hinab zur Straße »Alte Mühle« bringt. An der Straße »Alte Mühle« bestaunen wir eine wunderschöne, gut 100 Jahre alte, in gelbem Klinker erbaute Wassermühle mit neogotischen Ele-

Die »Alte Mühle«

menten, ein belebtes Ausflugsziel und Restaurant. Man kann hier am Ufer des Flüsschens »Saselbek« sitzen, das hier zu einem großen Mühlenweiher aufgestaut worden ist.

Wir laufen an der Alten Mühle vorbei und erklimmen rechts vom Mühlenweiher den Weg in den Wald hinein, der hier Hainesch heißt. Die Naturschutzgebiete Hainesch und Iland sind Hochflächen zwischen von ehemaligen Gletschern geformten Bachläufen der Saselbek, der Furtbek und des Haingrabens.

Bei der Fortsetzung unseres Laufes liegt rechts von uns eine große Tennisanlage. Wir folgen dem Weg in den Wald hinein und beachten dabei immer die gelben Pfeile, die den Weg in Richtung Poppenbüttel weisen (gelbes P). Im Birkenwald halten wir uns, dem gelben P folgend, links und überqueren die Saselbek an einer weiteren Schleuse (rechts liegt der Weiher). Der Weg führt nun wieder eine kleine Steigung bergan und hier sehen wir die mit Obstbäumen bepflanzte Hochfläche Iland. Wir folgen dem gelben Pfeil nach rechts und umlaufen den Iland gegen den Uhrzeigersinn. Wieder empfängt uns das moorige, mit zahlreichen Quellen versehene Tal der Saselbek, und wir entdecken linker Hand bei genauem Hinsehen zwei alte Hünengräber.

Im Sommer ist dieser Weg wild verwachsen, ein Hauch von Urwald inmitten der Stadt. Nach einigen hundert Metern erreichen wir die Bergstedter Chaussee, der wir nach links auf einem naturbelassenen Weg folgen. Der Weg führt nach 100 Metern wieder leicht links abzweigend in das Naturschutz gebiet hinein, wir überqueren bald das Strässchen »Iland« und nutzen kurz den Weg namens »Heindaal«, um dann links ins Natuschutzgebiet einzubiegen. Wir laufen durch wild wachsende Büsche, wieder finden sich Teiche, Quellen und Bachläufe. Hinter der bald erreichten Pferdekoppel (an dem Haus mit dem auffälligen Solardach) biegen wir scharf links in den Fußweg Furtstieg ein, der direkt neben der Pferdekoppel entlang und später über eine große Wiese zur Alten Mühle zurückführt.

Weg Richtung Bergstedter Chaussee

Hier nehmen wir wieder den Weg, den wir gekommen waren, durch den Buchenwald entlang der Alster zu der kleinen Straße »Kortenland«, und laufen diese Straße bis zu ihrem oberen Ende, an dem großen reetgedeckten Backsteinhaus wieder in den Buchwald hinein, der hinunter zur

Für scharfe Augen: links im Wald ein Hünengrab

Alster führt. Später überqueren wir wieder die Straße »Trillup«, passieren den Gasthof »Quellental« und haben nun wieder das Rodenbeker Quellental erreicht. Auf dem Rückweg allerdings folgen wir nicht dem gelben Pfeil, sondern der Ausschilderung »K« in Richtung Norden, Richtung Kayhude. Nach weiteren 500 Metern über zahllose Bäche und Bruche erreichen wir unseren Ausgangsort, das Sackgassenende der Straße »Haselknick«.

Der Furtstieg

Streckenprofil

Streckenlänge:
9,4 km

Bodenbeschaffenheit:
Waldböden, planierte Sandwege

Geeignet für:
Anfänger, Fortgeschrittene

Treffpunkt:
Sackgassenende der Straße »Haselknick«

Streckentelegramm

Sackgassenende der Straße »Haselknick« +++ Richtung Campingplatz +++ am Alsterlauf links flussabwärts +++ dem gelben Pfeil P (für Poppenbüttel) folgen +++ Gasthof »Quellental« +++ Querung der Straße Trillup +++ weiter entlang des Alsterlaufes +++ Straße »Kortenland« +++ durch den Wald zum Gasthof »Alte Mühle« +++ Querung der Schleusenbrücke +++ am Ufer des Weihers weiter +++ dem gelben Pfeil P (für Poppenbüttel) folgen +++ noch eine Schleusenquerung über die Saselbek +++ bergan zur Hochfläche +++ hier dem gelben Pfeil nach rechts folgen bis Bergstedter Chaussee +++ hier links +++ Querung des Strässchens »Iland«, hinein in den »Heindaal« +++ an der Pferdekoppel scharf links +++ in den »Furtstieg« hinein +++ Weg bis Gasthaus »Alte Mühle« +++ ab hier den gleichen Weg zurück bis zum Gasthof »Quellental« +++ ab hier der Ausschilderung K (für Kayhude) folgen +++ zum Ausgangspunkt »Haselknick« zurück

Strecke 13

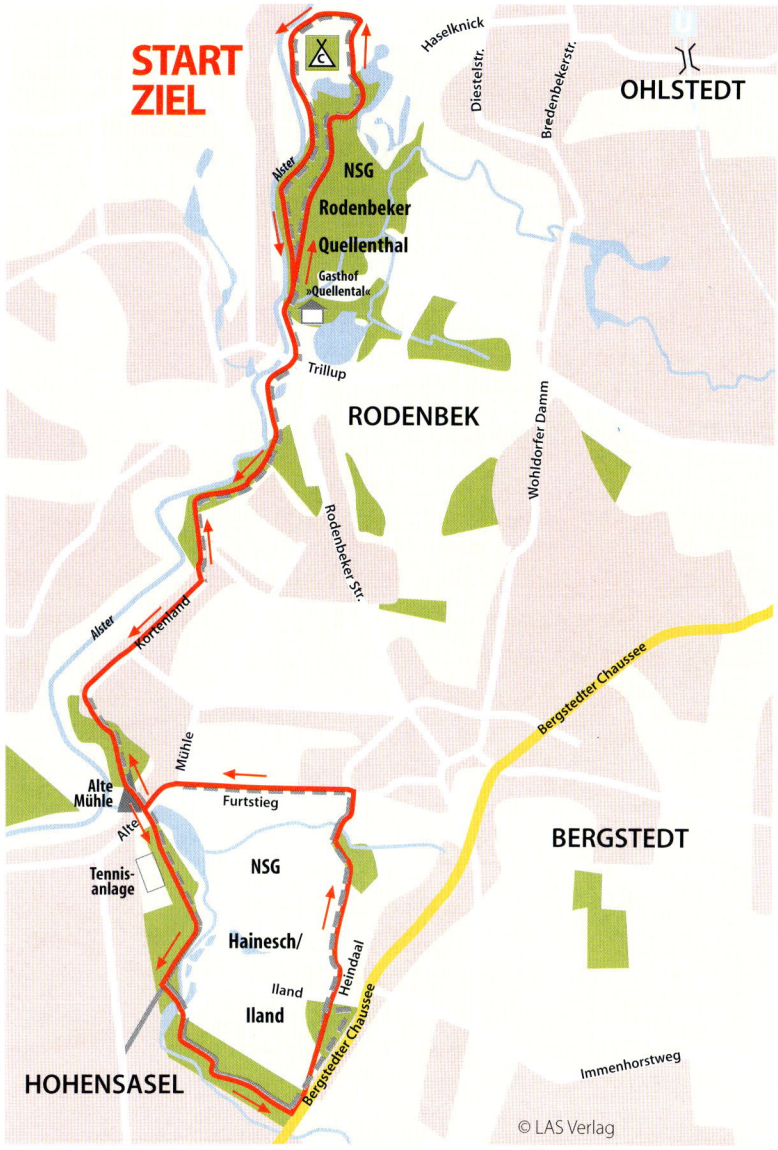

14 Wohldorfer Wald

Einsamkeit, Ruhe und wilde Natur

Von der U-Bahn-Station Ohlstedt aus erreichen wir über die Alte Dorfstraße den Melhopsweg. Hier beginnt das Naturschutzgebiet »Wohldorfer Wald«. Im Melhopsweg bzw. in der Alten Dorfstraße kann man bequem sein Auto parken.

Vom Melhopsweg kommend gelangen wir über den rechten Weg direkt in den Buchenwald, der uns in seiner Ruhe, Pracht und Größe sofort alle Großstadterinnerungen vergessen lässt. Bei der nächsten Weggabelung halten wir uns rechts und laufen nun durch binsenreiche Feuchtwiesen. In der Stille des Waldes hören wir nur den Gesang der Vögel. Später nehmen wir den nach links abzweigenden Weg. In dem links liegenden Waldteich wachsen im Sommer die sehr selten gewordenen Sumpfcalla mit ihren herzförmigen Blättern. Im Unterholz finden wir zahlreiche seltene und besondere Pflanzen. Im Sommer ist das Unterholz hier auch vielfach mit Waldmeister bewachsen.

Wir kommen erneut in einen sich etwas lichtenden Buchenwald und laufen an der T-Gabelung nach rechts in Richtung Waldfriedhof. Hier

Ruf der Wildnis

An der Ammersbeker Schleuse vorbei

wachsen riesige Buchen und die alten, toten, herumliegenden Bäume sind mit teilweise seltsamen Pilzen bewachsen. Gegenüber dem Friedhofszaun biegen wir in einen kleinen, unauffällig schmalen Pfad und laufen auf trockenen Wegen durch den feuchten und nassen Wald, der hier mit Röhricht und anderen Schilfgewächsen bewachsen ist.

Am Ende dieses Wegs biegen wir nach links und überqueren über den Brügkamp die Ammersbek-Schleuse. Wer mag, kann an der Kreuzung Herrenhausallee einen kurzen Abstecher zur Mühle am Kupferteich, dem »Kupferhammer«, machen.

Nach der Überquerung der Herrenhausallee laufen wir über die Schünenkoppel halb links in den Auewanderweg ein. Wir folgen der sich durch den Wald schlängelnden Ammersbek. Sobald wir am Herrenhaus vorbeigekommen sind, laufen wir am Gasthaus »Zum Bäcker« und an dem Restaurant »Wohldorfer Mühle«, direkt an dem

Ein Seitenblick aufs Herrenhaus

idyllischem Mühlenteich gelegen, vorbei. Hier passieren wir links das Stauwehr über den Mühlenredder und laufen weiter direkt entlang des Teiches auf einem schmalen Weg an einer Pferdekoppel vorbei. Wir gelangen in einen sehr feuchten Bereich des

Hier rechts, und gleich wieder rechts

Waldes, der sich wenig später in einen lichten Buchenmischwald wandelt. An der zweiten Kreuzung laufen wir zunächst links in den Katerstieg, um dann vom Aueweg gleich wieder nach rechts abzubiegen. Von hier aus geht es geradeaus weiter bis zum Kupferredder. Wir laufen nach rechts und gelangen nach gut 1 000 Metern wieder auf den Melhopsweg, in den wir nach links zu unserem Ausgangspunkt einbiegen.

Streckenprofil

Streckenlänge:
7,2 km

Bodenbeschaffenheit:
Waldwege, planierte Sandwege, wenig Kopfsteinpflaster

Geeignet für:
Anfänger, Fortgeschrittene

Treffpunkt:
U-Bahnhof Ohlstedt

Besonderheiten:
Waldeinsamkeit, Urwald

Sonstiges:
ideale Ergänzung zu Lauf 13 »Rodenbeker Quellental«

Streckentelegramm

U-Bahnhof Ohlstedt +++ Alte Dorfstraße +++ Melhopsweg +++ rechter Weg in den Buchenwald +++ Weggabelung rechts +++ Feuchtwiesen +++ danach links abbiegen +++ Waldteich +++ Waldfriedhof +++ unauffälliger schmaler Pfad direkt gegenüber dem Waldfriedhof +++ Brügkamp +++ Ammersbek-Schleuse +++ Überquerung Herrenhausallee +++ Schünenkoppel + ++ Aueweg an der Ammersbek entlang +++ am Herrenhaus vorbei +++ an den Gaststuben vorbei +++ über das Stauwehr »Mühlenredder« +++ 2. Kreuzung links in den »Katerstieg« +++ am Aueweg rechts +++ »Kupferredder« + ++ Melhopsweg +++ Alte Dorfstraße +++ U-Bahnhof Ohlstedt

Strecke 14

15 Wandsbeker Gehölz

Klein, aber fein – eine Oase am Rande des quirligen Wandsbeker Zentrums

Klein, aber fein, und vor allem in Hamburgs Osten absolut zentral gelegen, so lässt sich das Wandsbeker Gehölz im Herzen von Wandsbek beschreiben. Es ist sehr gut zu erreichen mit der U1 und zahlreichen Buslinien bis Wandsbeker Markt (Wandsbeker ZOB = Zentraler Omnibusbahnhof) bzw. mit der S4 bis Haltestelle Wandsbek. Zudem finden sich rund um das Wandsbeker Gehölz in den zahllosen ruhigen Wohnstraßen von Marienthal (ein Ortsteil von Wandsbek) immer gute PKW-Parkplätze.

Idealer Startpunkt ist der S-Bahnhof Wandsbek, der bereits mitten im Gehölz liegt (nicht zu verwechseln mit dem U-Bahnhof am Wandsbeker Markt). Vom S-Bahnhof Wandsbek aus laufen wir in das Gehölz hinein und orientieren uns rechts an den Gärten der Häuser. Der Weg führt durch einen sehr schönen Buchenwald, bis wir nach 400 Metern die nicht allzu stark befahrene Jüthornstraße erreichen. Vor der Staße verläuft ein Weg im Wald nach links, bis der sich zur Straße hin öffnet. Wir überqueren die Jüthornstraße und setzen unseren Weg durch den Buchenwald fort. Nach weiteren 400 Metern kommen wir zur Kielmannseggstraße. Diese sehr wenig befahrene Straße queren wir bequem und laufen in gleicher Richtung weiter durch das mit kleinen Teichen aufgelockerte Gehölz bis zum Sportplatz des Sportvereins »Concordia«. Hier haben wir die Wohnstraße »Osterkamp« erreicht. Um die Strecke zu erweitern, laufen wir hier 100 Meter weit rechts und sofort wieder links in den schmalen Grünstreifen, der direkt neben dem Husarenweg beginnt und uns weitere 400 Meter bis zur Universität der Bundeswehr am Holstenhofweg führt.

Hier am gelben Haus die Jüthornstraße überqueren

Einer der zahlreichen Tümpel im Wandsbeker Gehölz

Gefangen am Wegesrand

An dieser Stelle kehren wir um, nehmen allerdings an der Osterkampstraße diesmal den kleinen Weg, der links neben den Tennisplätzen des Sportvereins« Concordia« in den Wald hineinführt. Nach etwa 100 Metern erreichen wir die Rückfront des kleinen Fussball-Stadions »Concordia« und laufen weiter durch den Wald an den Gärten der Häuser entlang, die links von uns liegen. 400 Meter weiter überqueren wir wieder die Kielmannseggstraße, laufen nochmals 400 Meter durch den wunderbaren Buchenwald und erreichen an dem großen gelben Altbau die Jüthornstraße. Wir überqueren die Jüthornstraße und nehmen den Weg in den Wald hinein, der am weitesten rechts liegt. Wieder haben wir einen Blick auf sehr schöne, gepflegte Gärten. Diesmal liegt der Wald links von uns. Sobald wir die Sackgasse »Gehölzweg« erreichen, halten wir uns links und kehren nach weiteren 200 Metern zu unserem Ausgangspunkt, dem S-Bahnhof Wandsbek, zurück.

Streckenprofil

Streckenlänge:
   4,1 km

Bodenbeschaffenheit:
   planierte Sandwege,
   Waldwege,
   selten Asphalt

Geeignet für:
   Anfänger,
   Fortgeschrittene

Treffpunkt:
   S-Bahnhof Wandbek

Besonderheiten:
   Absolut zentral im
   Herzen von Wandsbek

Der Osterkamp, menschenleer

Streckentelegramm

S-Bahnhof Wandsbek +++ Jüthornstraße +++ durch den Buchenwald +++ Kielmannseggstraße +++ weiter im Buchenwald bis »Osterkamp« +++ Husarenweg bis Universität der Bundeswehr +++ gleichen Weg bis »Osterkamp« zurück +++ links neben den Tennisplätzen in den Wald hinein +++ an der Rückfront des Concordia-Fußballstadions entlang +++ Kielmannseggstraße +++ Buchenwald +++ Jüthornstraße +++ Sackgasse »Gehölzweg« +++ S-Bahnhof Wandsbek

Strecke 15

Ideales Krafttraining auf
lang gezogenen Dünen

16 Boberger Dünen

Die Wüste lebt – mitten in Hamburg

Die Boberger Dünen sind ein ungewöhnliches und lohnendes Stück Natur, am südöstlichen Rande der Stadt zwischen Billstedt-Kirchsteinbek und Bergedorf gelegen. Die etwa 350 ha große Fläche von Binnendünen, Heidelandschaft, Feuchtwiesen, Niedermooren, Äckern, Wiesen und Weiden, Birken-, Eichen- und Auewäldern bildet ein geschütztes Naturschutzgebiet, das am Rande des Elbe-Urstromtals nur etwa 12 Kilometer von der Hamburger Innenstadt entfernt liegt.

Die Boberger Dünen sind sehr gut erreichbar mit der S 21 bis »Mittlerer Landweg« oder mit dem Auto über die B 5, die von der Innenstadt über das Berliner Tor stadtauswärts in Richtung Bergedorf führt. Von der B 5 biegen wir in die Straße »Am Langberg« ein, fahren wenig später über die Straße »Schulredder« den Boberg steil bergab und gelangen über den Boberger Furtweg in die Boberger Niederung, wo wir einen großzügigen Parkplatz finden.

Hier befindet sich der ideale Startpunkt. Auf dem Parkplatz hat die Hamburger Umweltbehörde einen sehr guten und detaillierten Landschaftsplan mit Laufwegen aufgestellt, den es sich vorher anzusehen lohnt.

Wir starten vom Parkplatz in Richtung Westen (überqueren also kurz den Boberger Furtweg) und biegen in den asphaltierten Walter-Hammer-Weg ein. Wer gleich zum läuferischen Krafttraining übergehen will, hält sich links und kann sofort auf einer lang gezogenen Steigung die große sandige Boberger Düne erklimmen. Man läuft hier auf weichem Sand, der je nach Feuchtigkeitsgehalt schwerer oder leichter ist. Nach etwa 700 Metern kreuzen wir einen asphaltierten Weg und laufen dann rechts des Weges weiter über den sandigen Boden, der nur das Wachstum kleiner, verkrüppelt wirkender Birken zulässt. Der Untergrund ist außerordentlich

Im Sommer lässt sich das Laufen am »Toten Teich« ideal mit Schwimmen kombinieren.

schwierig zu laufen und kostet ungewöhnlich viel Kraft, was dem Läufer sofort bewusst wird, wenn er wieder auf die asphaltierten Wege oder später auf die befestigten und gepressten Sandwege wechselt.

Nach weiteren 500 Metern treffen wir auf einen quer zu unserer Richtung verlaufenden Weg und folgen ihm nach rechts hin zu einer großen freien Grasfläche. Dies ist das Segelfluggelände, das wir wegen gelegentlich startender oder landender, sehr leise gleitender Segelflieger nicht unbedingt überqueren sollten.

Sobald wir den Rand des Flugfeldes erreicht haben, folgen wir dem Lehmweg neben dem Flugfeld nach links (Westen) in Richtung zweier weit entfernter, aber unübersehbarer rotweißer, etwa 80 Meter hoher Sendemasten der Post. Nach weiteren 500 Metern (am Ende des Flugfeldes) kommen wir auf einen asphaltierten Weg, dem wir nach rechts folgen und der uns weiter am Rande des Flug-

Idylle an der Billwerder Kirche

Am Flusslauf der Bille

feldes entlang führt, nun allerdings auf der gegenüberliegenden Seite in umgekehrter Richtung nach Osten. Bis hierher sind wir ziemlich genau 2,5 Kilometer gelaufen.

Wir folgen dem Weg nach links in das Achtermoor, einer Landschaft aus Moor, Erlen- und Weidenbruch und stoßen nach weiteren 800 Metern wieder auf den Weg, den wir am Ende des Flugfeldes erreichten. Der Weg um das Achtermoor misst genau 2,7 Kilometer.

Wir laufen nun in Richtung des barocken Billwerder Kirchturms, den

Laufen durch verschiedene Landschaftszonen

Reinste Natur am Flusslauf

wir rechts von uns sehen und gelangen an eine Kreuzung, an der wir entweder rechts zur Billwerder Kirche abbiegen können, oder geradeaus den westlichen Weg um den »Toten Teich« nehmen oder links herum den östlichen Weg um den »Toten Teich« wählen können. Den »Toten Teich«, ein großes, sehr sauberes, waldgesäumtes Gewässer mit zahlreichen sehr schönen Badestellen, nutzen viele Läufer im Sommer auch zu einem Erfrischungsbad oder gar zu regelrechtem Schwimmtraining. Eine Liegeweise befindet sich am leicht zu findenden DLRG-Haus am östlichen Ufer.

In unserem Falle nehmen wir den Weg zur Billwerder Kirche und gelangen nach etwa 300 Metern an das idyllische Wiesenflüsschen »Bille«. Dieses Flüsschen gab zahlreichen Hamburger Stadtteilen wie Billstedt, Billbrook, Billwerder ihren Namen. Nun führt uns der fest planierte Sandweg stets am Ufer der Bille entlang durch eine idealtypische, romantische Landschaft aus Feuchtwiesen, Weiden, Äckern, Schilfgürteln, Pferdekoppeln, Röhrichtgebieten, Auewäldern und vereinzelten hübschen Häusern. Die Boberger Niederung besitzt einen inzwischen seltenen Artenreichtum an besonderen Pflanzen und Tieren. In der richtigen Jahreszeit sieht man hier verschiedene Arten von Orchideen und zahlreiche andere besondere Pflanzen sowie den Eisvogel, die Bekassine oder den Mäusebussard. Wer Interesse hat, findet außergewöhnlich wertvolle Raritäten verschiedenster Insekten, Vögel, Reptilien und Pflanzen.

Wir folgen weiter dem Weg entlang der Bille und erreichen nach etwa zwei Kilometern eine einen Kilometer lange mächtige Pappelreihe, die das

Ufer der Bille säumt. Am Ende dieser Pappelreihe stoßen wir wieder auf den wenig befahrenen Boberger Furtweg und biegen hier nach links ein zum etwa 100 Meter voraus gelegenen Informationshaus des Hamburger Naturschutzes, das zahlreiche wertvolle und interessante Informationen für uns bereit hält. Ein Besuch hier lohnt sich. Vom Haus des Naturschutzes können wir nun weiter dem Boberger Furtweg folgen und nach weiteren 200 Metern zum Parkplatz gelangen, wo wir unser Auto geparkt haben. Hier haben wir eine Strecke von 9,4 Kilometern zurückgelegt.

Wer jedoch noch Lust verspürt, kann seine Laufstrecke verlängern, vom Haus des Naturschutzes aus den Boberger Furtweg überqueren, rechts in einen Waldweg hineinlaufen und die Laufstrecke mit einer Runde durch das waldige Naturschutzgebiet am Fuße des Boberger Krankenhauses um gut 3,6 Kilometer ausdehnen.

Streckenprofil

Streckenlänge:

9,4 km

Bodenbeschaffenheit:

Dünen, Sand-, Wald-, Gras-, Asphalt-, Lehmwege

Geeignet für:

Anfänger, Fortgeschrittene

Treffpunkt:

Parkplatz Boberger Furtweg

Besonderheiten:

Landschaftlich abwechslungsreichste Laufstrecke in Hamburg

Sonstiges:

Sehr sehenswert: Haus des Naturschutzes am Boberger Furtweg

Streckentelegramm

Parkplatz »Boberger Furtweg« + + + Walter-Hammer-Weg oder Lauf durch große Sanddüne + + + Feldwege parallel zum Segelfluggelände + + + am Ende des segelfluggeländes rechts herum + + + das Achtermoor umrunden + + + weiter in Richtung des barocken Billwerder Kirchturms + + + Weg zur Billwerder Kirche + + + am Fluss »Bille« links flussaufwärts + + + 3 km weit immer am Flussufer entlang + + + »Boberger Furtweg« + + + Haus des Naturschutzes + + + Parkplatz »Boberger Furtweg«

Strecke 16

17 Bergedorfer Gehölz und Reinbeker Krähenwald

An den Ufern des Urstromtals

Das Bergedorfer Gehölz südlich des Flüsschens Bille und der Reinbeker Krähenwald nördlich der Bille bilden ein zusammenhängendes, sehr hügeliges Waldgebiet, das den Läufer auf ideale Weise zum Cross- und Hügeltraining einlädt.

Zu erreichen ist das Bergedorfer Gehölz am östlichen Rande von Bergedorf am be-

Startpunkt Luisengymnasium

sten mit dem Auto. Vom Zentrum Bergedorfs kommend fährt man in den Wentorfer Weg und biegt nach etwa 600 Metern links in die Straße »Pfingstberg« ein. Wir folgen dem »Pfingstberg« etwa 300 Meter durch das gepflegte Villenviertel, bis wir rechter Hand das architektonisch bemerkenswerte, vom Hamburgischen Stadtbaumeister Fritz Schumacher errichtete Luisengymnasium erreichen. Neben dem Gymnasium befindet sich ein Parkplatz für etwa 12 Autos. Dieser Parkplatz (man findet auch bequem in unmittelbarer Nähe weitere Parkmöglichkeiten) ist der ideale Ausgangspunkt für einen Crosslauf durch das hügelige Waldgelände.

Eine andere gute Möglichkeit mit öffentlichen

Holzbrücke übers Urstromtal

Verkehrsmitteln bietet die S-Bahnhaltestelle Reinbek (S 21). In diesem Fall beginnen wir am anderen Ende der im Folgenden beschriebenen Laufstrecke.

Wir starten am Parkplatz des Luisengymnasiums am Abenteuerspielplatz und halten uns leicht links, wo der Weg etwas abschüssig hinunter ins Billetal führt. Wir folgen dem Weg durch den Buchenwald geradeaus, leicht hügelig, aber dennoch insgesamt abschüssig. Bevor wir nach etwa 600 Metern wieder an bebautes Gebiet gelangen, wenden wir uns nach links und sehen nach der Kurve die sehr lang gestreckte Holzbrücke über die Bille. Wir überqueren hier den Fluss und folgen der lang gestreckten, stegähnlichen Brücke über einen morastigen, moorartigen Auenwald, bis wir in ein Nadelgehölz mit weichem, leicht federndem Waldboden gelangen. Dann weiter geradeaus, bis wir unmittelbar vor der nächsten Flussbrücke die Bahntrasse Hamburg–Berlin, die in diesem Bereich auch noch als S-Bahnlinie genutzt wird, unterqueren. Auf der anderen Seite erwartet uns wieder ein Buchenwald.

Dort halten wir uns rechts und folgen stets dem Weg, der uns mehr oder weniger direkt am Ufer der Bille entlangführt. Nach gut einem Kilometer erreichen wir, leicht rechts vom Hauptweg abzweigend, ein allein stehendes rotes Backsteinhaus. Wir halten uns weiter rechts immer auf dem Weg in der Nähe des Flussufers und gelangen bald in ein mit schönen Einzelhäusern bebautes Gebiet. Wenn wir konsequent dem Billewanderweg folgen, erreichen wir nach weiteren 500 Metern das auf hohen Stelzen über einem Teich gebaute, elegant-moderne Verlagshaus des Rowohlt-Verlages, das den Wendepunkt dieser Laufstrecke markiert.

Sollten wir mit der S 21 bis Haltestelle Reinbek gefahren sein, so gehen wir von der S-Bahn aus über die Bahnhofstraße, dann 200 Meter nach rechts, und biegen nach weiteren 200 Metern links in die Straße »Volckerts Park« ein. Am Ende dieser kleinen Straße befindet sich das eben erwähnte Rowohlt-Verlagshaus.

Wendepunkt im Wald: der Rowohlt-Verlag

Um die Strecke auf dem Rückweg zu variieren, folgen wir dem Weg bis zu dem allein stehenden roten Backsteinhaus. Ab hier allerdings nehmen wir nicht denselben Weg, den wir gekommen sind, sondern halten uns leicht rechts bergan und laufen den sanft ansteigenden Weg bis zum Beginn der Siedlung. Hier halten wir uns sofort links und folgen dem waldigen Höhenweg oberhalb des Billetals, immer leicht rechts. Rechter Hand zwischen den Bäumen liegen in Sichtweite die Häuser der Siedlung. Nach etwa 1,2 Kilometern stoßen wir auf freies Feld. Hier biegen wir links ab hinunter zur Bille, die wir nach etwa 400 Metern erreichen. Wieder am Fluss laufen wir weiter nach rechts und folgen der Flussströmung, überqueren nach etwa 500 Metern die Holzbrücke linker Hand, nehmen nun die Brücke durch das Teichgebiet und gelangen auf die kaum befahrene Chrysanderstraße.

Hier halten wir uns links, am Ende der Sackgasse nehmen wir den an der Bahnlinie entlang führenden, leicht abschüssigen Sandweg, unterqueren die Bahnlinie und werden durch eine hübsche Schrebergartensiedlung geführt. Wir treffen auf den ebenfalls kaum befahrenen Möörkenweg, folgen ihm nach links unter prächtigen Kastanien entlang, kommen am großen, weiß getünchten Bergedorfer Künstlerhaus vorbei und biegen nach 300 Metern in die steil aufsteigende Daniel-Hinsche-Straße ein. Kaum haben wir die Daniel-Hinsche-Straße betreten, laufen wir sofort wieder links in den Waldweg hinein, der uns nun ansteigend direkt zu dem Parkplatz unseres Ausgangspunktes zurückführt.

Wer jetzt noch Lust und Energie verspürt, kann noch weiter das Hügel- und Crosstraining kreuz und quer durch das etwa 1,2 Kilometer lange und gut 600 Meter breite Bergedorfer Gehölz fortsetzen.

Streckenprofil

Streckenlänge:
  7,2 km

Bodenbeschaffenheit:
  Planierte Sandwege, Waldwege, wenig Asphalt

Geeignet für:
  Fortgeschrittene

Treffpunkt:
  Parkplatz Luisengymnasium

Besonderheiten:
  Hügeliger Crosslauf

Streckentelegramm

Parkplatz Luisengymnasium in Bergedorf + + + Buchenwald in Richtung »Bille« + + + lang gezogene Holzbrücke über die Bille + + + Unterquerung der Bahnlinie Hamburg – Berlin + + + Uferweg an der Bille entlang + + + allein stehendes Backsteinhaus, rechts vorbei + + + am Uferweg bis zum Rowohlt-Verlag + + +

hier Wendepunkt + + + zurück zum allein stehenden Backsteinhaus + + + geradeaus die Steigung in den Wald hinein + + + vor der Siedlung links den Höhenweg oberhalb der Bille nehmen + + + vor den freien Feldern/Äckern links hinunter zur Bille + + + am Uferweg rechts flussabwärts + + + nach 500 Metern links über die Bille + + + Teichgebiet und Schrebergärten + + + Chrysanderstraße links + + + Bahnlinie unterqueren + + + Möörkenweg links + + + Daniel-Hinsche-Straße + + + nach 20 Metern links hinauf durch den Wald + + + Parkplatz Luisengymnasium

Strecke 17

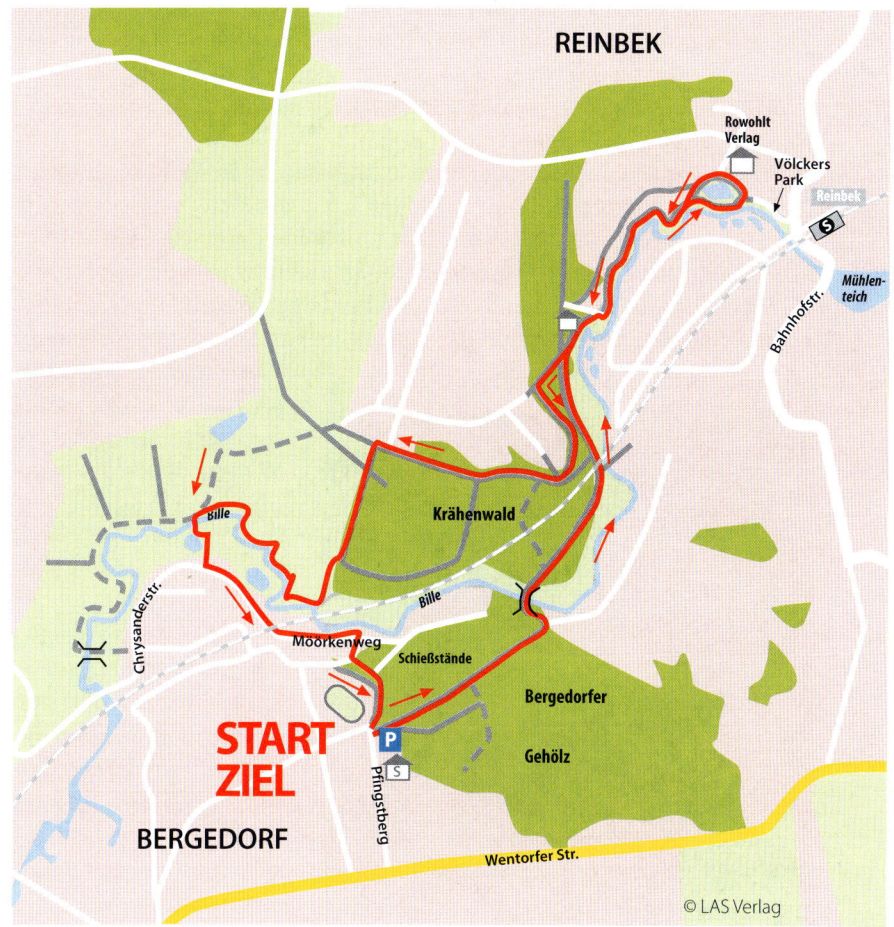

18 Öjendorfer Park und See

Beliebtes Familienausflugsziel im Hamburger Osten

Der Öjendorfer Park entstand seit 1958 auf dem Gelände einer ehemaligen Sandabgrabung. Eine Verbindung mit dem Schleemer Bach schuf den 46 ha großen, mit mehreren Inseln malerisch anzusehenden Öjendorfer See (1328 Meter lang und bis zu 507 Meter breit) als Kernstück des Parks. Die gesamte Uferlänge beträgt knapp 2,7 Kilometer. Hier wurde ein Freizeitpark angelegt, der über verschiedene Einrichtungen wie Ponyreiten, Minigolf, Badestrände sowie einen Ski- und Rodelhang verfügt.

Der Öjendorfer Park liegt in der Nähe des Autobahnkreuzes der A24 und der A1. Gut zu erreichen ist er über die Glinder Straße, von wo aus wir in die Straße »Reinskamp« fahren und den großzügigen Parkplatz Reinskamp, Ecke Driftredder, nutzen.

Wir beginnen unseren Lauf vom Parkplatz aus in Richtung Norden durch den Nadelholzwald und erreichen nach 200 Metern das südwestliche Ende des Sees, wo das Wasser laut rauschend durch ein Wehr in den Schleemer Bach abfließt. Wir laufen nun in Richtung Norden den schnurgeraden Weg am Westufer entlang, links liegt der Hauptfriedhof Öjendorf, rechts haben wir einen wunderbaren Blick auf den See. Nach 1400 Metern erreichen wir das Nordufer, wo eine Ruhezone für Vögel eingerichtet ist. Wir umrunden das Nordufer und können von hier aus den Blick weit über den gesamten Park schweifen lassen.

Wir laufen im großen Bogen am Rande des Parks entlang und erreichen das interessant gestaltete Ostufer mit seinen diversen Hügeln, Wäldchen und Wiesen-

Am Südufer

Südspitze, am Wehr, Abend

flächen. Wer Lust hat, kann hier den größten Hügel für ein gutes und effektives Bergtraining nutzen. Nun haben wir die Wahl, ob wir direkt am Ufer des Sees, das teilweise mit Sandstränden, teilweise von Röhricht gesäumt wird, entlanglaufen möchten oder ob wir es vorziehen, weiter östlich durch die Wälder und Wiesen zurück zum Ausgangspunkt zu laufen.

Der Öjendorfer Park ist ebenfalls von Norden her erreichbar: von der Barsbüttlerstraße aus entweder in den Bruhn-röggenredder hinein, an dessen Ende sich ein Parkplatz befindet, oder über den Steinbeker und Barsbüttler Weg zum Ostufer des Sees. Hier befinden sich zahlreiche Parkplätze.

Der Weg am Westufer

Nordufer

Streckenprofil

Streckenlänge:

Kleine Runde 3,0 km, große Runde 4,5 km

Bodenbeschaffenheit:

Planierte Sandwege

Geeignet für:

Anfänger, Fortgeschrittene

Treffpunkt:

Parkplatz am Südende des Sees

Besonderheiten:

Familienausflugsziel

Streckentelegramm

Parkplatz am Südende des Sees (Reinskamp/Driftredder) + + + schnurgerader Weg am Westufer + + + Ruhezone für Vögel am Nordufer des Sees + + + Ostufer mit Hügeln, Wäldern, Wiesen + + + Parkplatz am Südende

Strecke 18

19 Bramfelder See

Hamburgs kürzeste Laufstrecke

Der Bramfelder See ist mit nur 2,7 Kilometern Streckenlänge wohl die kürzeste Hamburger Laufstrecke. Allerdings ist sie direkt nördlich des sehr dicht besiedelten Stadtteils Steilshoop gelegen und somit das unmittelbare Naherholungsgebiet für sehr viele Menschen. Gute Parkmöglichkeiten sind am östlichen Ende in der Fabriciusstraße zu finden.

Dank ihrer Lage am südöstlichen Ende des ausgedehnten Ohlsdorfer Friedhofes erwartet uns auf dieser Laufstrecke viel Grün und viel Ruhe. Der Weg ist gut planiert und man kann hier auf breiten Wegen in aller Ruhe seine Runden drehen. Auffällige oder ungewöhnliche Dinge gibt es von dieser Laufstrecke nicht zu berichten. Ihr Vorteil besteht darin, das für eine große Zahl von Hamburgern am schnellsten zu erreichende Erholungsgebiet zu sein.

Streckenprofil

Streckenlänge:
  Eine Runde: 2,7 km

Bodenbeschaffenheit:
  Planierte Sandwege, Asphalt

Geeignet für:
  Anfänger

Treffpunkt:
  Rondell an der
  Fabriciusstraße

Besonderheiten:
  Kürzeste Hamburger
  Laufstrecke

Blick von der Laufstrecke auf der Nordseite

Strecke 19

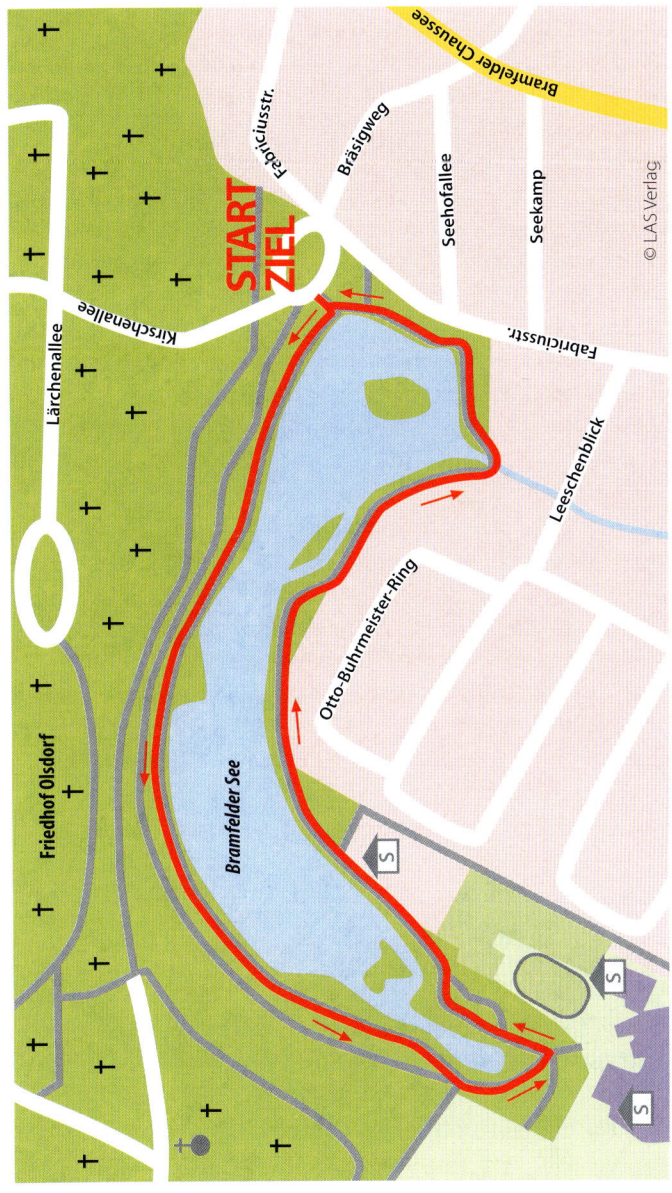

20 Höltigbaum und Stellmoorer Tunneltal

Die Macht der Natur über Krieg und Müll

Als eines der erstaunlichsten, schönsten und abwechslungsreichsten Laufreviere Hamburgs sei die renaturierte Landschaft des Höltigbaums und des Stellmoorer Tunneltals im Osten Hamburgs vorgestellt. Mit dem Auto sehr gut erreichbar über die A 1 Lübeck–Hamburg, Abfahrt Stapelfeld, dann die »Alte Landstraße« stadteinwärts, nach 5 Kilometern links abbiegen und nach etwa einem Kilometer rechts in die Straße »Eichberg« einfahren. Diese Sackgasse bietet uns großzügige Parkmöglichkeiten.

Ebensogut kann man den Höltigbaum über die Stadtteile Rahlstedt oder Meiendorf erreichen.

Die Wiesen, Weiden und Moorlandschaft des Höltigbaum wurden bis in die 1980er Jahre hinein als militärischer Übungsplatz genutzt. Auf diese Weise wurde die Landschaft von Dünge- und Pflanzenschutzmitteln verschont. Nach Aufgabe des Standortübungsplatzes im Jahre 1995 wurde 1997 der Schleswig-holsteinische Teil und ein Jahr später auch der Hamburgische Teil als Naturschutzgebiet ausgewiesen. Dabei ist eines der bemerkenswertesten und schönsten Naturschutzgebiete Hamburgs entstanden.

Wir beginnen unseren Lauf an dem Parkplatz »Eichbergstraße« direkt links(!) neben der grossen Squashanlage.

Wir folgen der dicht bewachsenen Allee und biegen bereits nach gut 250 Metern links in einen schmalen Wiesenpfad, der mit einem unübersehbaren »Naturschutzschild« beginnt. Hier bewegen wir uns bereits mitten in Weiden und Feuchtwiesen, die durch die für diese Landschaft typischen »Knicks« unterbrochen werden. Die Knicks sind aus Büschen und niederen Bäumen bestehende Hecken, die die Wege säumen, Felder begrenzen, gleichzeitig einen wertvollen Schutz vor Wind darstellen und dem Wild als Unterschlupf dienen.

Nach gut weiteren 200 Metern folgen wir in dem Eichenwäldchen der Wegabelung nach rechts, an einem Teich entlang, worin sommers die Frösche ein ohrenbetäubendes Konzert geben. Wir lassen uns weiter auf dem schmalen, gewundenen Pfad durch Feuchtwiesen führen, durch kleine Wälder, an den weidenden schottischen Hochlandrindern, amerikanischen Longhorns und manchmal auch zotteligen Galloways vorbei. Wir überqueren an einer Holzbrücke den Bach »Wandse«, der Hamburg größtem Stadtteil, Wandsbek, seinen Namen gab. Die Wandse schlängelt sich hier schilfgesäumt durch das Moor und das Erlenbruch.

Schließlich erreichen wir den holperigen »Herrenpfad«, wo rechts ein paar vereinzelte Häuser stehen und kommen nun zu der wenig befahrenen Bahnlinie Hamburg–Lübeck. Hier folgen wir nach rechts dem inzwischen asphaltierten, aber nur sehr selten von Autos befahrenen »Hagen-

Cross-Country pur: Brückchen über die Wandse

Achtung: hier links in den Feldweg abbiegen!

weg«. Rechts und links liegen Pferdekoppeln und vereinzelte Häuser. Ein großes Schild macht auf die starke Krötenwanderung aufmerksam. Ab hier führt der Weg mit einer kleinen, aber durchaus spürbaren Steigung bergan in Richtung des imposant aufragenden rotweißen Sendemastes auf dem Gipfel eines ehemaligen Müllberges.

Im Übrigen bescheinigen Messungen verschiedener unabhängiger Institute diesem Revier, dass hier weder schädlicher Eletrosmog noch Schadstoffe aus der ehemaligen Deponie Gefahren darstellen. Ganz im Gegenteil: Die Natur ist hier Ende der 90er Jahre sehr sorgfältig und gewissenhaft renaturiert worden. Das lebhafte Vogelkonzert, zahlreiche Hasen, Kaninchen und kleine Amphibien sowie unendlich viele blaue Libellen an den Teichen bescheinigen der Natur ihre Reinheit.

Nach einem gut einen Kilometer langen Anstieg biegen wir kurz vor Erreichen des Gipfels nach links in Richtung Bahnlinie in einen weiteren schmalen, sich durch ein Bruch schlängelnden Weg, der durch ein großes Schild »Reitweg« gekennzeichnet ist. Hier wird der Cross-Läufer im besten Sinne herausgefordert. Wir erreichen eine Holzbrücke, die über den »Stellmoorer Quellfluss« führt. Dies ist ein Bach, der immer wieder über verschiedenste Quellen neu gespeist wird. Nach gut 250 Metern erreichen wir wieder die Bahnlinie und folgen ihr nach rechts über einen asphaltierten schmalen Weg namens »Poggenbrook«, der uns einige 100 Meter weiter wieder nach rechts in die pralle, saftige Natur führt. Rechter Hand sehen wir nun wieder den hoch aufragenden Sendemast, der uns während des gesamten Laufes zur Orientierung dient.

Wieder folgt ein Anstieg, bis zum Wald. Kaum in den Wald eingetaucht, nehmen wir einen Pfad, der nach links durch eine Tannenschonung führt. Auch hier wird der Crossläufer wieder gefordert. Nach einigen hundert Metern gelangen wir zum »Ahrensfelder Weg«, einem befestigten, planierten Sandweg, dem wir nach rechts folgen. Gleich nach 200 Metern geht es wieder scharf links in einen schmalen Feldweg hinein, und wir erreichen wiederum 200 Meter später den an dieser Stelle damals von den Militärs breit angelegten, betonierten, aber nicht von Autos befahrenen »Hagenweg«. Hier laufen wir in Richtung Sendemast und nehmen etwa 200 Meter weiter den großen, nicht befahrenen Weg nach links zur Wandse hinunter.

Beeindruckend, wie die Natur die ehemaligen Militäranlagen zurückerobert. Die Wälder stehen in vollem Saft und die Wiesen und Weiden haben die Wunden der Militärübungen so perfekt verheilen lassen, dass nur noch die wenigen großen betonierten Wege an die ehemalige Funktion dieses Geländes erinnern. Sichtbar wohl fühlen sich hier Sumpfdotterblumen, wilde Orchideen und diverse wilde Heilkräuter. Zahlreiche Schmetterlinge und seltene Vögel wie die Feldlerche und den Steinmätzer hört und sieht man hier. Um so erstaunlicher ist es, dass selbst an sonnigen sommerlich-

Galloways auf den ehemaligen Panzerstraßen

en Sonntagen nachmittags dieses Naturschutzgebiet vollkommen friedlich und einsam da liegt. Nur selten trifft man einzelne Spaziergänger oder Skater.

Nachdem wir die Wandse überquert haben, laufen wir etwa 400 Meter weiter rechts in einen Sandweg hinein. Rechts von uns liegt das dschungelartig dicht bewachsene Wandsetal, die Landschaft gibt sich wieder leicht hügelig. Nach 1,6 Kilometer sehen wir linker Hand die mit einem Grasdach bewachsenen Holzhäuser des Projekt- und Ausstellungsbüros der »Stiftung Naturschutz Schleswig-Holstein«, wo wir diverse Informationen zu diesem bildhübschen, ungewöhnlichen und abwechslungsreichen Laufrevier bekommen. Von hier aus laufen wir weiter geradeaus und erreichen nach gut 500 Metern unseren Parkplatz.

Natürlich kann man auch hier die Laufstrecke nach Belieben variieren. Eine vortreffliche Orientierung bietet der fast überall sichtbare, etwa 100 Meter hohe rotweiße Sendemast auf dem Gipfel des Hügels.

Streckenprofil

Streckenlänge:
    8,8 km

Bodenbeschaffenheit:
    Viel Crosslauf (bei Nässe morastige Stellen in der ersten Streckenhälfte), Waldwege, Asphalt- und Betonstraßen, planierte Sandwege

Geeignet für:
    Fortgeschrittene

Treffpunkt:
    Squashanlage Eichbergstraße

Besonderheiten:
    Renaturiertes Naturschutzgebiet

Sonstiges:
    Sehenswerte Informationen bei der »Stiftung Naturschutz Schleswig-Holstein«

Streckentelegramm

Squashanlage Eichberg + + + links neben der Squashanlage in die Allee hinein + + + nach 250 Metern links in die Wiesen und Weiden, über die Wandse, zur Bahnlinie Hamburg – Lübeck + + + Hagenweg bergan + + + kurz vor der Kuppe links hinunter zur Bahnlinie + + + Brücke über Stellmoorer Quellfluss + + + Straße Poggenbrook + + + nach rechts Anstieg zum Wald + + + links die Cross-Strecke in die Fichtenschonung + + + am Ahrensfelder Weg rechts + + + nach 200 m Feldweg links + + + Hagenweg rechts + + + nach 200 m Betonpiste nach links zur Wandse + + + nach Rechtsbogen der Betonpiste rechts in planierten Sandweg hinein + + + nach 1,6 km auf der linken Seite die Büros der »Stiftung Naturschutz Schleswig-Holstein« + + + Beginn der asphaltierten Eichbergstraße + + + Squashanlage

Strecke 20

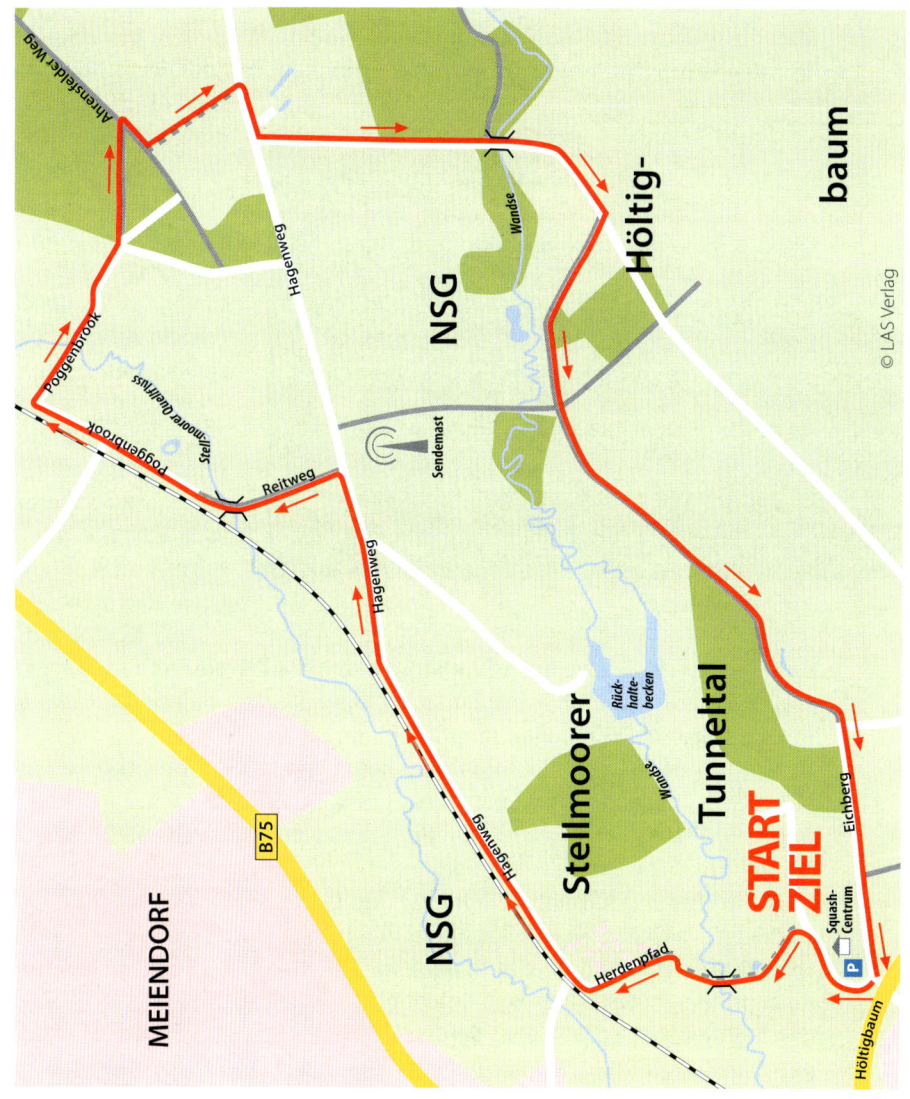

© LAS Verlag

21 Wasserpark Dove-Elbe

Wettlauf mit den Ruderern

Ein weiteres reizvolles Laufrevier Hamburgs finden Sie im Wasserpark Dove-Elbe. Es liegt südlich der Autobahn A 25 in Richtung Geesthacht und ist über die Abfahrt Hamburg-Allermöhe oder mit der S-Bahn in nur etwa 15 Minuten von der Hamburger City aus zu erreichen. Wer mit der Bahn kommen möchte, muss die S-Bahn S 21 bzw. S 2 bis zur Haltestelle »Mittlerer Landweg« nehmen und von dort 1,5 Kilometer bis zu unserem Startpunkt zurücklegen.

Dreieinigkeitskirche

Wir parken an dem Parkplatz direkt am Allermöher Deich 200 Meter westlich des Leistungszentrums und Olympiastützpunktes für den Ruder

und Kanusport. Die gesamte Laufstrecke führt über ein Verbundsystem mehrerer, etwa 3 Meter hoher Deiche, so dass wir stets einen weiten Blick in das Land hinein genießen können.

Wir beginnen unseren Lauf auf der schmalen, auf der Deichkrone verlaufenden und nur sehr wenig befahrenen Straße in östlicher Richtung über den Allermöher Deich bis zur gut sichtbaren barocken Dreieinigkeits-Kirche mit dem kleinen, ungewöhnlichen Holzturm. Hier biegen wir scharf rechts ab und laufen über die Kirchenbrücke, die die Dove-Elbe überquert. Weiter geht es rechts über den hohen, durch saftig grüne Wiesen mäandernden Vorderdeich, dem wir bis in den Reitbrooker Westerdeich hinein folgen. Kurz vor Erreichen der Gose-Elbe laufen wir rechts in den kleinen erdigen Weg über den Reitdeich in das waldige Natur- und Vogelschutzgebiet Reitdeich hinein.

Die Abzweigung in den Reitdeich nicht verpassen!

Nun liegt linker Hand die Gose-Elbe und rechts der Hochwald im moorigen Grund. Mit Erreichen der Reitschleuse überqueren wir die Gose-Elbe und laufen sofort weiter nach rechts über den sich durch die Wiesen windenden Ochsenwerder Norderdeich. Hier stehen auf Höhe der Deichkrone zahlreiche hübsche Häuser mit interessanten und großzügigen Gärten. Der Ochsenwerder Norderdeich geht wenig später in den Tatenberger Deich über. Dieser führt am Jachthafen Tatenberg entlang zur Tatenberger Schleuse, die die Dove-Elbe vor allzu großen Tideschwankungen schützt. Die gesamte Strecke führt durch reizvolle Grünländereien.

Von hier aus geht es nun zurück über den Moorfleeter Deich am Nordufer der Dove-Elbe in Richtung Eichbaumsee. Am Parkplatz hinter dem Moorfleeter Jachthafen, etwa gegenüber dem gemütlichen Restaurant

Schmucke Gärten am Ochsenwerden Deich

»Eichbaumsee , halten wir uns direkt am Ufer der Dove-Elbe, so dass wir nun auf der schmalen Landzunge zwischen Dove-Elbe und Eichbaumsee laufen. Nach weiteren 600 Metern erreichen wir den Olympiastützpunkt des Ruder- und Kanusports und nach weiteren 200 Metern wieder unseren Ausgangsparkplatz.

Moorfleeter Jachthafen und Dove-Elbe

Streckenprofil

Streckenlänge:

11,2 km

Bodenbeschaffenheit:

Asphalt, einige planierte Sandwege

Geeignet für:

Anfänger, Fortgeschrittene

Treffpunkt:

Parkplatz westlich des Olympiastützpunktes für Ruderer

Besonderheiten:

Strecke auf Deichkrone entlang

Streckentelegramm

Parkplatz westlich des Olympiastützpunktes für Ruderer + + + Richtung Osten zur Dreieinigkeitskirche + + + rechts über die Kirchenbrücke die Dove-Elbe überqueren + + + Vorderdeich + + + Reitbrooker Westerdeich + + + vor der Gose-Elbe nach rechts auf den Reitdeich + + + über die Reitschleuse + + + Ochsenwerder Norderdeich + + + Tatenberger Deich + + + Jachthafen Tatenberg + + + Tatenberger Schleuse + + + rechts in den Moorfleeter Deich + + + Moorfleeter Jachthafen + + + Landzunge zwischen Dove-Elbe und Eichbaumsee + + + Ausgangsparkplatz

Strecke 21

22 Fischbeker Heide

Die definitive Herausforderung für Freunde des Crosslaufens

Die Fischbeker Heide, im äußersten Südwesten von Hamburg gelegen, ist das weitläufigste und interessanteste Wald-, Hügel- und Crosslaufgebiet der Stadt. Die Fischbeker Heide widerlegt am überzeugendsten alle Vorurteile, in Hamburg gäbe es nur plattes und flaches Land. Dieses Laufgebiet kann auch erfahrene Bergläufer mit seinen unzähligen steilen Hügeln an die Grenzen ihrer Leistungsfähigkeit bringen.

Die Harburger Berge bzw. Schwarzen Berge im Südwesten der Hansestadt sind auch ein beliebtes Trainingsrevier vieler Mountainbike-Clubs.

Wir erreichen die Fischbeker Heide mit dem Auto aus der Harbuger City über die B73 Richtung Cuxhaven oder über die Autobahn A7 vom Elbtunnel kommend über die Abfahrt Hamburg-Heimfeld, von der wir in die B73 in Richtung Cuxhaven einbiegen. Die B73 wird auch von der Harburger City aus gut mit Bussen versorgt, so dass man mit den Buslinien 141, 250 und 340 bequem zum Ziel gelangen kann.

In etwa 35 Minuten vom Hamburger Hauptbahnhof aus bringt uns die S-Bahn S3 oder S31 bis zur Haltestelle »Neuwiedenthal« schnell und dicht zum Ziel.

Mit dem Auto fahren wir die B73 in Richtung Cuxhaven, lassen links den weit bekannten »Ehestorfer Heuweg« liegen, der in die »Schwarzen Berge« und zum Wildpark führt und fahren noch etwa 700 Meter weiter,

Wunschlos glücklich, wer das Geländetraining liebt

bis wir linker Hand mit der Hausnummer Cuxhavenerstr. 267–271 den »Quick-Reifenmarkt« (großes gelbes Schild) sehen. Direkt dahinter biegen wir in die schmale Sackgasse »Am Opferberg« ein, die uns nach gut 100 Metern zum Sportplatz »Opferberg« führt. Hier stellen wir auf den reichlich vorhandenen Parkplätzen unser Auto ab.

Ein Tipp, bevor wir loslaufen: Das wirklich wunderbare und interessante Laufgebiet »Fischbeker Heide« ist wie das Blankeneser Treppenviertel oder auch das Niendorfer Gehege ein Labyrinth aus verschiedensten Wegen, die der Läufer nach Herzens Lust kombinieren kann. Angesichts eines solchen labyrinthischen Irrgartens ist es nicht ganz einfach, eine klare und gut verständliche Streckenbeschreibung zu geben.

Aus diesem Grunde bitten wir den Leser, sich vor dem Lauf die jeweils zum Laufgebiet gehörende Streckenkarte genau einzuprägen. Unsere Wegbeschreibung dient dann der zusätzlichen Information über den Boden, die Streckenbeschaffenheit, markante und erwähnenswerte Besonderheiten der Strecke etc.

Wir beginnen unseren Lauf auf einem gepflasterten Weg rechts des Sportplatzes bergan in Richtung Wald. Gleich direkt am Ende des Sportplatzes halten wir uns leicht links und laufen direkt in den Wald hinein. Dort finden wir auch das unübersehbare grünweiße Schild »Naturschutzgebiet«. Genau hier halten wir uns rechts und nun geht es deutlich bergan auf einem geschlängelten Waldweg, bis wir nach etwa 200 Metern in ein Tal hineinblicken, das auf der gegenüberliegenden Seite von einer großen, sandigen, teilweise mit Heidekraut bewachsenen Düne begrenzt wird.

Wenn wir genau auf den Wegrand sehen, entdecken wir hier einen etwa 50 Zentimeter hohen schmalen Holzpflock neben dem Weg, worauf in blauer Schrift eine »8« geschrieben ist. Auf unserem weiteren Weg werden uns Holzpflöcke mit der blauen Markierung »8« den Weg weisen.

Genau an dieser Stelle laufen wir nun fast wieder zurück. Wir beschreiben nämlich einen 300-Grad-Schlenker nach links und laufen den steilen Sandweg bergauf auf den 59 Meter hoch liegenden Gipfel des Scheinberges. Hier oben auf dem Plateau sehen wir in der Mitte einen großen Findling und wir erkennen in Blickrichtung eines der Hochhäuser des Stadtteils Neuwiedenthal.

Vom Gipfel des Scheinberges laufen wir rechts hinunter, etwa 300 Meter in ein Tal hinab, und erklimmen sofort wieder die gegenüberliegende, sehr steile Düne. Hier auf dem Gipfel dieser Düne, die oben einen Birken-

und Nadelwald trägt (siehe Foto auf Seite 150), halten wir uns links und sehen nun zu unseren Füßen den Sportplatz, von dem aus wir gestartet sind. Wir können von hier aus auch unseren Blick sehr weit in das Urstromtal der Unterelbe, an dieser Stelle »Altes Land« genannt, in Norddeutschlands riesigen und einmaligen Obstgarten, schweifen lassen.

Hier auf dem Gipfel der Düne machen wir sofort einen Linksschwenk und laufen dieselbe Düne wieder hinunter in das Tal, aus dem wir gerade aufgestiegen sind.

Echtes Krafttraining
an steilen Hängen

Hier halten wir uns links und laufen den durch einen Holzpflock mit der blauen »8« markierten Weg in den Tannenwald hinein. Wir halten uns immer leicht links und orientieren uns an den Holzpflöcken mit der blauen »8«.

Kurz vor Erreichen der ersten Einzelhäuser, die wir links sehen, biegen wir im 90-Grad-Winkel rechts in einen Waldweg hinein. Auch auf diesem Weg sehen wir links vereinzelte Häuser mit großzügigen, teilweise parkähnlichen Gärten. Nach weiteren 200 Metern folgen wir weiter der blauen »8« leicht in Richtung rechts, laufen die sandige Steigung hinan. Nach 200 Metern endet der Wald und es tut sich ein großflächiges, hügeliges Heidegebiet auf. Wir folgen dem Weg links am Waldrand entlang. Rechter Hand liegen die zahlreichen, mit Heide und vereinzelten Bäumen bewachsenen Hügel. Nach weiteren 300 Metern erreichen wir eine Anhöhe mit einem fantastisch weiten Blick über die waldigen Heidehügel. Läge hier nicht rechts von uns ein gelb leuchtendes Hochhaus in etwa einem Kilometer Entfernung, würde man sich weit von jeglicher Zivilisation inmitten der reinsten Natur glauben.

An dieser Weggabelung halten wir uns weiter links am Waldrand entlang und genießen rechter Hand weiter den freien Blick auf die einzigartige wellige Fischbeker Heide.

Besonders ab diesem Streckenabschnitt finden sich in unserem sandigen Laufweg viele Baumwurzeln, so dass man mit Fug und Recht von einem Crosslauf sprechen kann. Es geht wieder talabwärts und unten an der großen Wegeskreuzung halten wir uns rechts und laufen auf angenehm weichem Sand- und Waldboden weiter talabwärts. Dabei liegt wieder rechts die Heidelandschaft und links der Wald.

Nach etwa 300 Metern unten im Tal folgen wir nach halb links der blauen »8«. Wieder führt uns ein Sandweg leicht bergan, der lange Weg ist gut markiert mit der uns inzwischen vertrauten blauen »8«.

Nach gut 600 Metern gelangen wir an eine mit einer diesmal orangefarbenen »8« markierten Kreuzung. Hier laufen wir halb rechts den Sandweg talwärts, bis eine Siedlung in Sicht kommt mit einem dominierenden weißen Flachdachbungalow aus den 70er Jahren. Kurz vor Erreichen der Straße nehmen wir den Weg rechts in den Wald hinein (mit der blauen »8« markiert), folgen dem wurzelig-sandigen Weg, der 200 Meter weit parallel rechts der Straße folgt, bis zu einer Wiese mit einem großen Findling rechter Hand. Wir laufen direkt an dem Findling vorbei wieder in den Wald hinein. An der nächsten Weggabelung geht es weiter leicht links, stets der blauen »8« folgend bis zu einem Parkplatz auf der linken Seite.

Etwa 100 Meter oberhalb dieses Parkplatzes stehend sieht man rechts wieder die sandige, teilweise mit Heidekraut bewachsene Düne, an der wir uns als allerersten markanten Punkt kurz nach Beginn unseres Laufes orientierten. Hier halten wir uns leicht links und laufen den steilen Hügel wieder bergan und finden auf der Mitte des Weges zum Gipfel des Opferberges die allererste blaue »8« unserer Laufstrecke.

Nun laufen wir wieder den geschlängelten Weg, den wir ganz zu Anfang unseres Laufes erklommen, bequem und angenehm bergab und erreichen den Sportplatz, an dem wir unser Auto parkten.

Sandwege in der Heidelandschaft

Streckenprofil

Streckenlänge:
   4,9 km

Bodenbeschaffenheit:
   Sandwege, Waldwege

Geeignet für:
   Fortgeschrittene!

Treffpunkt:
   Parkplatz Opferberg, Sportplatz

Besonderheiten:
   Ideale Cross-Strecke

Sonstiges:
   Ultimative Herausforderung
   für Krafttraining

Höhenprofil

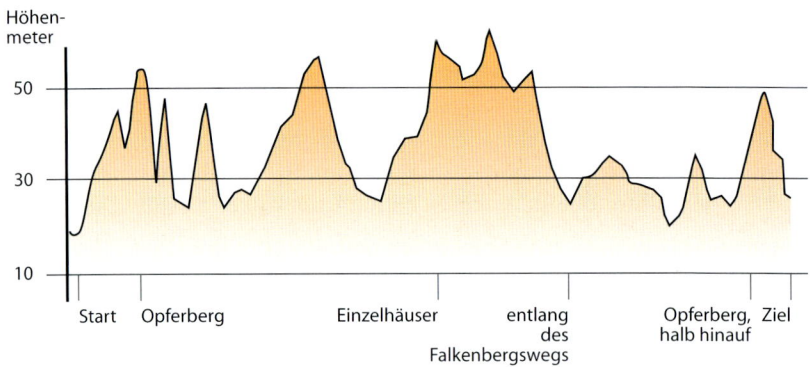

Streckentelegramm

Parkplatz Opferberg direkt am Sportplatz +++ bergan in den Wald hinein am Schild »Naturschutzgebiet« +++ in einer 300-Grad-Kurve den steilen Weg bis auf den Gipfle des Oferberges +++ nach rechts hinunter ins Tal +++ gegenüber liegenden Hügel hinauf +++ in einer Linkskurve wieder in das gleiche Tal hinunter +++ dem Pflock mit der blauen »8« folgen +++ in den Tannenwald +++ Scharpenbargsweg bis zu Einzelhäusern +++ hier rechts +++ nach 200 m halb rechts hinauf auf die Anhöhe +++ grandioser Blick auf die Heide +++ links hinunter ins Tal ++ + unten im Tal der blauen »8« folgen +++ links hinauf +++ nach 600 m sandiger Weg bergan, orangefarbiger »8« folgen +++ Weg führt nach rechts ins Tal hinunter +++ Siedlung »Falkenbergsweg« +++ vor Einzelbungalow rechts in den Weg hinein +++ Waldweg parallel der Straße »Falkenbergsweg« +++ Scharpenbargsweg +++ noch einmal den Opferberg zur Hälfte hinauf +++ auf halber Höhe nach links um den Opferberg +++ zurück zum Parkplatz

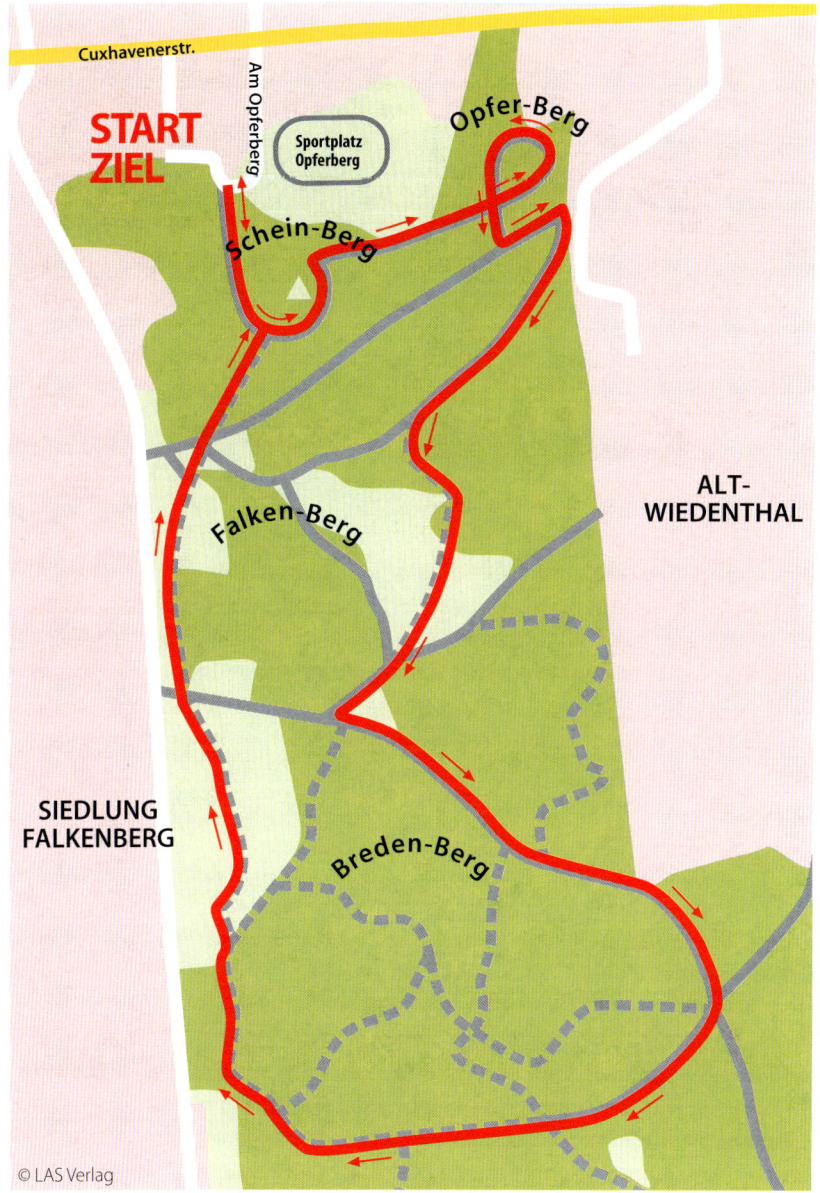

Strecke 22

START
ZIEL

Cuxhavenerstr.

Am Opferberg

Sportplatz
Opferberg

Opfer-Berg

Schein-Berg

ALT-
WIEDENTHAL

Falken-Berg

SIEDLUNG
FALKENBERG

Breden-Berg

© LAS Verlag

23 Der Harburger Außenmühlenteich (Harburger Stadtpark)

Promenade bei »Hornbachers Außenmühle«

Harburgs grünes Herz

Mit dem Auto fahren wir vom Harburger Bahnhof die Hannoversche Straße Richtung Süden und folgen der Ausschilderung »Freizeitbad«. Diese Ausschilderung führt uns direkt zum Harburger Außenmühlenteich. Wir können sofort bequem parken, sowohl am »Außenmühlendamm«, der unmittelbar am Ufer entlangführt, als auch auf dem großzügigen Parkplatz
des Schwimmbades »Midsommerland« in der Gotthelfstraße. Dieses wunderschöne Schwimmbad bietet eine Sauna, eine Therme und einen ganz-
jährig geheizten Außenpool an.

Auch mit der Buslinie 142 und 244 können wir den Außenmühlendamm vom Harburger Bahnhof (Anschluss an die S 3 und S 31) aus bequem
erreichen. Es sei darauf hingewiesen, dass der Harburger Stadtpark nachts
leider nicht beleuchtet ist. Der Lauf um den Außenmühlenteich ist nicht
sonderlich lang, dafür aber von besonderer Schönheit.

Wir beginnen unseren Lauf an dem großen, imposanten Holzschiff, das
auf dem Spielplatz direkt am Ufer neben dem Bootshaus »Zur Außenmühle« neben dem Midsommerland steht. Ab hier laufen wir entgegen dem
Uhrzeigersinn die breite Promenade herunter in Richtung des Ausflugslo-
kals »Hornbacher Außenmühle«. Der See liegt links von uns. Wir lassen das

Ausflugslokal mit dem riesigen Kaffee- und Biergarten und seiner Orchestermuschel rechts liegen und kommen nun in den Harburger Stadtpark. Hier laufen wir direkt durch den Park, links der See, rechts der waldige Stadtpark, der auch einige schöne Hügel zum Bergtraining bietet, wenn man Lust hat, den Uferweg zu verlassen. Linker Hand sehen wir nun am gegenüberliegenden Ufer das »Midsommerland«.

Etwas später führt uns der Weg über eine lang gezogene Holzbrücke, die uns über Feuchtwiesen mit diversen kleinen Bächen trägt. Dann strebt der Weg wieder zurück in den Wald hinein, immer am See entlang. Das Ufer ist gesäumt mit vereinzelten kleinen Teichen, die sich vom See abgrenzen und eine wundervolle Idylle bilden. Hier ist eine richtige Wasserlandschaft entstanden. Wir spüren und atmen die angenehm feuchte Luft. Bezeichnenderweise stoßen wir am Ende dieses Laufweges auf den »Nymphenweg«, der uns weiter zwischen zwei größeren Teichen durch eine romantische Sumpflandschaft hindurchführt.

Auf den Wiesen hier genießen einige Leute wunderbare Sommertage oder verbringen die lauen Abende beim Grillen. Am Ende dieser Teiche gelangen wir wieder zur Außenmühle, dem größeren See. Rechts liegen ein paar liebevoll gepflegte Schrebergärten. Schnell erreichen wir die Umzäunung des Midsommerbades. Wir laufen um das ausgedehnte Schwimmbad herum zum Ausgangspunkt unseres Laufes, den Abenteuerspielplatz mit dem großen Holzschiff.

Mit dieser kleinen Runde sind wir knapp 3 Kilometer weit gelaufen. Wer die Runde gerne erweitern möchte, kann dies am Ende des Nymphenweges tun und hier noch dem Weg an dem Flüsschen Engelbek und dem Schulgraben folgen und auf diese Weise die Strecke mit Hin- und Rückweg um einen weiteren Kilometer verlängern. Zur Verlängerung bietet sich im Harburger Stadtpark, also am Ufer gegenüber des Midsommerlandes, ein Querfeldeintraining im Wald an.

Super Laufstrecke mit Blick auf den See

Auch wenn diese Laufstrecke dank ihrer Kürze sehr überschaubar bleibt, so ist sie doch ungewöhnlich schön und reizvoll. Viele Läufer ziehen es vor, den See 2- oder sogar 3-mal zu umrunden und so auf ein paar gute Trainingskilometer zu kommen.

Wir können das Laufvergnügen am Harbuger Außenmühlenteich erhöhen, indem wir nach dem Lauf ein paar schöne Stunden im interessanten »Midsommerbad« verbringen und anschließend in »Hornbachers Außenmühle« den Durst mit einem guten Bier löschen.

Durch Moore und Feuchtwiesen

Streckenprofil

Streckenlänge:
    2,9 km: kleine Runde;
    4 km: erweiterte Runde

Bodenbeschaffenheit:
    Planierte Sandwege, Asphalt

Geeignet für:
    Anfänger, Fortgeschrittene

Treffpunkt:
    Schwimmbad »Midsommerland«

Besonderheiten:
    Das »Midsommerland« ist einen Besuch wert!

Sonstiges:
    Verlängerung der Strecke zum Flüsschen Engelbek

Streckentelegramm

Schwimmbad »Midsommerland« +++ Ausflugslokal »Hornbachers Außenmühle« +++ am See entlang +++ lang gezogene Holzbrücke über Feuchtwiesen +++ Teich- und Sumpflandschaft am Südufer +++ Grillwiesen +++ Schrebergarten am Ostufer +++ Schwimmbad »Midsommerland«

Strecke 23

24 Der »Grüne Hamburger Ring« eine Runde durch die gesamte Stadt

Hamburg fest in grüner Hand - Die Stadt entwickelt sich weiter
Eine Entdeckungsreise der besonderen Art werden Läufer auf dem »Grünen Hamburger Ring« machen, der genau genommen bereits existiert, jedoch von der Stadtentwicklungsbehörde zu einem geschlossenen Grünring in einem 90-Kilometer-Zirkel quer durch und um die Stadt noch besser ausgebaut und beschildert wird.

Besonders im östlichen und südlichen Hamburg muss der Grüne Ring noch weiter verbessert und ausgebaut werden. Teilweise verläuft er an stark befahrenen Straßen, teilweise mangelt es noch an Über- und Unterquerungen. Das momentan größte Manko stellt die fehlende Querung der Norderelbe von Tatenberg zur Wilhelmsburger Elbinsel dar. Insofern ist der Ring an diesen Stellen nur mit Einschränkungen belaufbar. In den nächsten Jahren wird er jedoch vollständig realisiert werden.

Der »Grüne Hamburger Ring« beginnt im
Bezirk Altona (8,8 km)
Am Fähranleger Teufelsbrück in Othmarschen am Jenischpark befindet sich der Ausgangspunkt. Der Weg führt durch den Jenischpark hindurch zu dem Gelände des Flottbeker Derbyparks und durch den botanischen Garten. Weiter geht es in nördlicher Richtung durch den Lise-Meitner-Park über die Luruper Chaussee an der Bahrenfelder Trabrennbahn vorbei durch den Volkspark und durch Eidelstedt bis zur Kieler Straße.

Bezirk Eimsbüttel (7,3 km)
Nördlich der Kieler Straße führt der Ring durch den Olloweg in den Solo-Bona-Park mit seinem alten Baumbestand, dem Teich und dem Freibad »Olloweg« über die Autobahn A7 durch das Waldgebiet des »Niendorfer Geheges« über die Kollaustraße in den Vogt-Cordes-Damm, wo die Kleingartenanlage in Groß-Borstel südöstlich des Flughafens beginnt.

Bezirk Nord (7,2 km)
Von den Kleingärten am Flughafenrand östlich des Baches Tarpenbek geht es weiter bis zum Ostende des Ohlsdorfer Friedhofes. Der Weg führt über die Alsterkrugchaussee und die Hindenburgstraße zum Alsterlauf, von

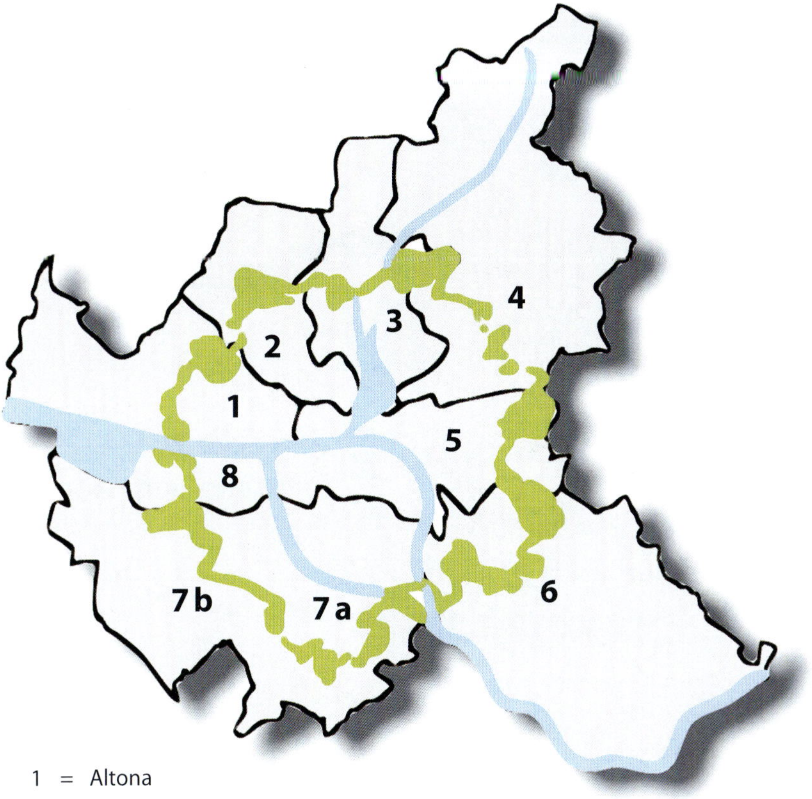

1 = Altona

2 = Eimsbüttel   6 = Bergedorf

3 = Bezirk Nord   7a = Harburg-Ost

4 = Wandsbek   7b = Harburg-West

5 = Mitte-Ost   8 = Mitte-West

dort auf dem östlichen Alsterwanderweg zum Bahnhof Ohlsdorf und weiter durch den Ohlsdorfer Friedhof bis zum Bramfelder See.

Bezirk Wandsbek (12,3 km)

Am Südufer des Bramfelder Sees geht es weiter bis zu dessen Südostende. Hier wendet sich der Grüne Ring nach Süden in den Seebek-Grünzug mit den Kleingartenflächen beiderseits des Baches Seebek und dem Schwimm-

**Strecke 24 a:
»Grüner Ring« Altona**

**Strecke 24b:
»Grüner Ring« Eimsbüttel**

Strecke 24c: »Grüner Ring« Bezirk Nord

© LAS Verlag

Strecke 24 d: »Grüner Ring« Wandsbek

© LAS Verlag

163

bad. Von dort aus führt der Weg in östlicher Richtung über die Bramfelder Chaussee bis zur Osterbekachse durch den Grünzug entlang der Steilshooper Allee. An der Haldesdorferstraße überquert man die Steilshooper Allee und läuft südlich dem Bach Osterbek folgend durch die Kleingärten, unterquert die Bahnlinie U1 am Traberweg bis zur Trabrennbahn Farmsen. Dort überqueren wir den stark befahrenen Friedrich-Ebert-Damm an der Ampelanlage und kurz darauf die weniger befahrene Walddörferstraße. Jetzt setzt sich der Grüne Ring im Wandse-Grünzug fort mit Kleingärten, Grünzügen und dem Freibad am Ostender Teich über den Tonndorfer Friedhof. Weiter führt der Weg entlang der Dammwiesenstraße zu den Grünflächen entlang des Baches Rahlau, dann über den Jenfelder Moorgraben zum Park »Jenfelder Moor«. Hier überqueren wir die Jenfelder Alle und die Kreuzburgerstraße, etwas später auch die Charlottenburgerstraße und laufen weiter über die Straße Bekkamp und die Barsbüttlerstraße zum Schleemer Bach. Nach Überquerung der A 24 gelangen wir zum Öjendorfer Park.

Bezirk Mitte-Ost (7,4 km)

Uns eröffnet sich ein beeindruckender Blick auf den Öjendorfer See. Es geht westlich des Öjendorfer Sees entlang bis zu dessen Südende, dort südlich um den angrenzenden Hauptfriedhof Öjendorf. Dann entlang der Glinderstraße bis zu deren Unterquerung und weiter durch den Grünzug Schleemer Bach bis zur autobahnähnlichen Bergedorfer Straße, die wir bequem unterqueren.

Südlich der Bergedorfer Straße streifen wir durch die Parkanlagen an dem Fluss Bille und das bewaldete Altspülfeld Kirchsteinbek in Richtung Boberger Niederung bis zur Autobahn A 1. Der Grüne Ring ist durch eine Unterführung der Autobahn auf der Straße An der Steinbek zur Boberger Niederung (Bezirk Bergedorf) verbunden.

Bezirk Bergedorf (15,4 km)

Östlich der Autobahn besteht der Grüne Ring aus einem einmaligen Naturlandschaftsraum des Flusses Bille, dem Wasserpark Dove-Elbe mit dem Eichbaumsee, der Boberger Düne mit der Boberger Niederung, dem Havighorster Moor und der Billwerder Kulturlandschaft.

Der Weg führt uns zunächst durch die Boberger Niederung und Düne zu dem idyllischem Flüsschen Bille, anschließend über den Billwerder Deich und den Mittleren Landweg durch Allermöhe über die Autobahn A 25

Strecke 24e:
»Grüner Ring« Mitte-Ost

Strecke 24f:
»Grüner Ring«
Bergedorf

direkt in den Wasserpark Dove-Elbe. Weiter laufen wir am Nordufer der Dove-Elbe am Eichbaumsee mit seinem einmaligen Wassersportzentrum entlang bis zur Tatenberger Schleuse, wo wir die Dove-Elbe überqueren und in südlicher Richtung durch den Kleingartenpark Tatenberg zur Ochsenwerder Landstraße in das beschauliche Dorf Neuhof laufen.

Von hier geht es weiter zur Norderelbe durch das Spadenland am Spadenländer Hauptdeich entlang. Leider fehlt hier die Verbindung über den Strom nach Wilhelmsburg. Die Wiedereinrichtung einer Fährverbindung, wie sie schon einmal bestanden hat, wäre zumindest in den Sommermonaten notwendig. Die Elbbrücken befinden sich 6 Kilometer weiter stromabwärts und die nächste Fähre finden wir leider erst 10 Kilometer weiter stromaufwärts von Zollenspiekern nach Niedersachsen. Die nur 3,5 Kilometer entfernte Autobahnbrücke der A 1 ist für Läufer und Radfahrer nicht passierbar.

Bezirk Harburg-Ost (18,1 km)

Die Nutzung des Grünen Ringes im Bezirk Harburg-Ost ist für Läufer erst ab dem Harburger Außenmühlenteich unproblematisch und wunderschön.

Der Weg über die Wilhelmsburger Elbinsel ist im Moment mangels guter Möglichkeiten der Elbquerung schlecht praktizierbar. Über die Süderelbe zumindest führt ein schmaler Fuß- und Radweg auf gleicher Höhe und parallel zur Autobahn A 1. Wenn diese Elbquerungsmöglichkeiten verbessert werden, kann auch das schöne, tideabhängige Naturschutzgebiet »Heuckenlock« und die landwirtschaftlichen Nutzflächen auf der Elbinsel von Läufern genutzt werden.

Am Südufer der Süderelbe geht es weiter durch das Naturschutzgebiet »Schweenssand« mit seinen Röhrichtflächen. Die Überquerung der A 1 über den Autobahn-Zubringer »Neuländerstraße« zur Autobahn-Anschlussstelle Hamburg-Harburg ist momentan noch nicht gut und sollte durch eine für Fußgänger und Läufer geregelte Querung verbessert werden.

Ab hier ist der Grüne Ring auch zunächst nur mit Einschränkungen belaufbar. Südlich der Neuländer Straße bilden die landwirtschaftlichen Flächen um den Baggerteich »Neuland« mit seinen Badestellen eine schöne Laufstrecke. Weiter geht es über den Großmoordamm (problematische Querung) durch Feuchtwiesen und Kleingärten, dann an der Hörstener Straße entlang. Die Querung der Bahngleise mit der Unterführung Vorderkamp ist leider nicht sonderlich reizvoll.

Strecke 24g: »Grüner Ring« Harburg-Ost

Strecke 24h: »Grüner Ring« Harburg-West

Aus diesen Gründen empfehlen wir Läufern, die diese Strecke erkunden möchten, ihren Start an den Harburger Außenmühlenteich zu legen.

Von dort geht es durch den sehr sehenswerten Schulgarten über die Kreuzung Bremer Straße/Hohe Straße weiter durch die Kleingärten nördlich des Gottschalkringes zum idyllischem Gölbachtal und weiter über die Bachtwiete entlang der Friedhofstraße nach Norden. Der Weg führt durch die Grünfläche »Schattengang« über den Ehestorfer Weg, die Triftstraße, Denickestraße bis zum Triftweg. Nördlich des Triftweges führt der Grüne Ring durch die schmale Parkanlage zur Heimfelder Straße und weiter durch den sehr schönen Meyers Park die Geestkante hinunter. Meyers Park besteht im Süden aus Waldflächen, während er im Norden mit Wiesenflächen und beeindruckenden Einzelbäumen aufwartet.

Die nördlich des Meyers Parks verlaufende Stader Straße stellt mit der parallel verlaufenden Bahnlinie noch eine gewisse Barriere für Läufer dar. Wir überqueren sie bei der Ampel des Krankenhauses Maria Hilf. Die Straße »Moorburger Bogen« überquert die Bahnlinie in Richtung Süderelbmarsch. Wir folgen dem Fürstenmoordamm in Richtung Westen durch landwirtschaftliche Flächen am Brunnenschutzgelände und den Rückhaltebecken vorbei bis zur Unterquerung der Autobahn A 7.

Bezirk Harburg-West (8,2 km)

Der Weg führt hier weiter entlang des Gewässers »Moorburger Landscheide« über die Waltershofer Straße und weiter über den Moorburger Hinterdeich durch ökologisch wertvolle Grünländereien. Hier laufen wir durch die einzigartige Landschaft der Süderelbmarschen. An der Stelle, wo die kleine Straße »Alter Deich« vom Gewässer abzweigt, führt der Grüne Ring durch Wiesen nach Norden. Wir überqueren die Straße »Moorbuger Elbdeich« und laufen auf der Deichkrone parallel der Straße mit wunderbarem Ausblick auf das Tal der Alten Süderelbe. Der Moorburger Elbdeich geht über in die Hohenwischer Straße, der wir nach Norden folgen. Wir laufen am Naturdenkmal »Gutsbrack« vorbei zu der Industrieanlage METHA auf dem Spülfeld »Blumensand«, das am Südufer der alten Süderelbe liegt. Wir nutzen die Betriebsstraße zur METHA, um die alte Süderelbe zu queren.

Die Stadtentwicklungsbehörde plant hier demnächst eine reizvollere Überquerung der Alten Süderelbe.

Bezirk Mitte-West (3,8 km)

Von der Betriebsstraße der METHA laufen wir in Richtung Aue-Haupt-
deich, und sofort wieder links in den Osterfelddeich durch das Obstan-
baugebiet der Süderelbmarsch. Wir nutzen den Fuß- und Radweg östlich
der Bahnstrecke bis zur Straße »Finkenwerder Landscheideweg«. Von hier
geht es über den Uhlenhoffweg und den Norderschulweg über den Finkenwerder Norderdeich bis zum Rüschenpark, von wo uns die Elbfähre
zum Ausgangspunkt des Grünen Ringes, dem Fähranleger »Teufelsbrück«
am Jenischpark bringt.

Eine Alternative für die Elbquerung wäre auch die Fähre, die von der
Landungsbrücke »Finkenwerder« ablegt.

Strecke 24i: »Grüner Ring« Mitte-West

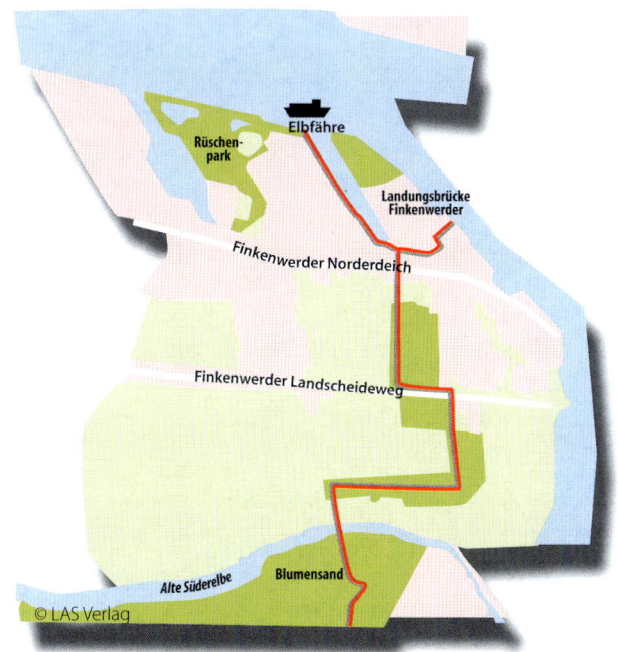

25 Der Fit-imPuls-Alstermarathon

Wie immer begann es ganz klein. Als Anfang der 80er Jahre der erste Hansemarathon startete, da waren es deutlich weniger als 1000 Teilnehmer. Sie wurden von den meisten Hamburgern belächelt und bemitleidet: Wie konnte man sich 42,195 km nur freiwillig antun! Mittlerweile ist der Hansemarathon monatelang vorher ausverkauft und Läufer aus ganz Europa treten zum Start an.

Was aus kleinen Anfängen werden kann, zeigt auch der in Hamburg einzigartige 100-Marathon-Club. Mitglied werden kann, wer mindestens an 100 offiziellen Marathonläufen teilgenommen hat. Und solche Menschen gibt es sehr zahlreich in Hamburg.

Auch die ganz »normale« Marathon-Szene wird erstmals am 13.Oktober 2002 um einen weiteren, höchst originellen und besonders schönen Marathon bereichert: An diesem Tag findet zum ersten Mal der Fit-imPuls- Alstermarathon statt.

Als hätte die Strecke darauf gewartet, zur Marathonstrecke gekürt zu werden: der Lauf durch die grüne Hölle des Nordens ist zweifellos etwas besonderes, nämlich ein reiner Naturmarathon durch das in einer Metropole einmalige Flusstal der Alster. Nicht nur der Abwechslungsreichtum und die besondere Schönheit der Strecke sind ihr Markenzeichen, sondern auch das wohl ungewöhnliche Kunststück des ersten 10-Kilometer-Rückwärtslaufes setzen ein Highlight.

Wer wissen will, wie gut das eigene Lauftraining ist, wie gesund und fit der eigene körperliche Zustand ist und wie man sich effizient und gezielt auf einen Marathon vorbereitet, gewinnt eine Gesundheits-, Fitness- und Leistungsdiagnostik bei Fit-im-Puls.de, Hamburgs Sportmedizinischem Institut in den Colonnaden 51. Fit-im-Puls.de ist Mitorganisator und Sponsor dieses ungewöhnlichen und einzigartigen Hamburg Marathons. Wenn Sie Näheres erfahren möchten zum Marathon und zu einer effizienten und guten Vorbereitung, wenden Sie sich an www.fit-im-puls.de.

Streckentelegramm

Carl-Cohn-Strasse/Ohlsdorfer Strasse + + + Alsterdorfer Damm + + + Alsterwanderweg (Sengelmannstraße) + + + rechts der Alster + + + Am Hasenberge die Alster queren + + + Justus-Strandes-Weg + + + Ratsmühlendamm unterqueren + + + Alsterwanderweg + + + Kortenland + + + Brücke Hohenbuchenpark + + + Mellingburgredder + + + Alte Mühle + + + Alsterwanderweg + + + Kortenland + + + Alsterwanderweg + + + Trillup + + + Alsterwanderweg + + + Rodenbeker Quellental + + + Haselknick + + + Wiese hinter Campingplatz (Wendepunkt) + + + Alsterwanderweg + + + Rodenbeker Quellental + + + Trillup + + + Alsterwanderweg + + + Kortenland + + + Twietenkoppel rechts + + + Huuskoppel + + + um die Pferdekoppel herum + + + Mellingburger Stieg + + + Lehmsahler Landstrasse + + + An der Alsterschleife + + + zur Alster zurück + + + Hohenbuchenpark + + + Alsterwanderweg + + + Ratsmühlendamm + + + Justus-Strandes-Weg + + + Am Hasenberge (Straße queren) + + + rechts der Alster + + + Sengelmannstrasse unterqueren + + + Djakartaweg + + + Manilaweg + + + Brücke über Ring 2 + + + auf Stadtparkwegen zur Jahnkampfbahn + + + Ziel

Strecke 25: Der Fit-imPuls-Alstermarathon

Anhang: Alle Strecken zum Ausschneiden und Mitnehmen

Der Klassiker: die Alster mit Überraschungen

Streckenprofil

Streckenlänge:

7,4 km

Bodenbeschaffenheit:

überwiegend planierte Sandwege,

einige Asphaltstrecken,

wenige Gehwegplatten

Geeignet für:

Anfänger

Fortgeschrittene

Treffpunkt:

Café »Cliff«

Parkplatz am »Cliff« oder Buslinie 109 und 115 bis Alsterchaussee

Besonderheiten:

Einzigartiger Blick auf alle zentralen Hamburger Stadtteile

Streckentelegramm

Cafe »Cliff« +++ Wanderweg nach Süden +++ nach 1 km an Bodos Bootssteg vorbei +++ beim »Hamburger Ruderclub« scharf nach links +++ Kennedy-Brücke überqueren +++ an Käpt'n Prüsses Segelsteg vorbei +++ am Ostufer der Alster entlang +++ nach etwa 2 km über die Buchtbrücke +++ leicht nach links in den Schwanenwik +++ über die Schwanenwikbrücke +++ ca. 500 m weit durch den Uhlenhorster Park +++ Uhlenhorster Fähranleger +++ Moschee +++ scharf rechts +++ nach 300 m scharf links +++ Herbert-Weichmann-Str. +++ Osterbekbrücke +++ nach der Brücke scharf links +++ Bellevue +++ Krugkoppelbrücke +++ nach der Brücke scharf links +++ nach 1,0 km am Ausgangspunkt (Cafe »Cliff«)

Der Klassiker: die Alster mit Überraschungen

Halbmarathon durch das Herz der Stadt

Streckenprofil

Streckenlänge:
    21,05 km

Bodenbeschaffenheit:
    Asphalt und Wege

Geeignet für:
    Fortgeschrittene

Treffpunkt:
    »Fit imPuls«, Colonnaden 51

Besonderheiten:
    Halbmarathon mit Schwimm-
    training im Stadtparkfreibad

Streckentelegramm

»Fit imPuls«, +++ durch Colonnaden zur Binnenalster +++ unter der Lombard- und Kennedybrücke durch +++ am Westufer der Alster entlang +++ an Bodos Bootssteg vorbei +++ durch den Alsterpark +++ am Cafe »Cliff« vorbei +++ nach insgesamt 3 km über die Krugkoppelbrücke +++ Hagedorn-Park +++ an der Alster entlang +++ Heilwigstr. +++ Eppendorfer Hochzeitskirche +++ rechts abbiegen, Alster überqueren +++ nach der Brücke sofort links +++ an der Fußgängerampel Hudtwalkerstr. kreuzen +++ Richtung Winterhuder Fährhaus/Kommödie +++ Alster über die Fußgängerbrücke queren +++ nach rechts in den Haynspark +++ am Wasser halten +++ an der nächsten Brücke scharf rechts, Flüsschen Kollau queren +++ am Parkende Alster queren +++ der Straße bis zur Bebelallee folgen +++ Bebelallee queren +++ Richtung U-Bahnhof Lattenkamp +++ Lattenstieg, treppaufwärts +++ Alsterdorferstr. queren +++ Efeuweg +++ beim Magazin-Kino 100 m weit nach rechts, dann links +++ an der Ohlsdorferstr. in den Stadrpark +++ links an der Jahnkampfbahn vorbei +++ den alten Trimmpfad entlang +++ Hindenburgstr. queren +++ geradeaus +++ am Open-Air-Stadion scharf rechts +++ +++ links bis zur Saarlandstr. +++ rechts am Stadtpark zum Café »Sommerterrassen« +++ Grasweg +++ nach 1,5 km beim »Landhaus Walter« Hindenburgstr. queren +++ Grasweg +++ am Parkende scharf rechts +++ am Parkplatz der Jahnkampfbahn links, Ohlsdorferstr. queren +++ Himmelstr. +++ Alsterdorferstr. queren +++ rechts, nach 200 m links Bahn unterqueren +++ Grünstreifen neben Bebelallee +++ rechts bis zur 1. Ampel +++ nun Hinweg folgen bis Krugkoppelbrücke +++ links am Alsterufer entlang +++ Kennedybrücke überqueren +++ +++ am Brückenende Stufen zum Wasser +++ Kennedy- und Lombardsbrücke unterqueren +++ bei erster Möglichkeit rechts, Lombardsbrücke überqueren +++ um die Binnenalster herum +++ Colonnaden +++ Ausgangspunkt »Fit imPuls«

Halbmarathon durch das Herz der Stadt

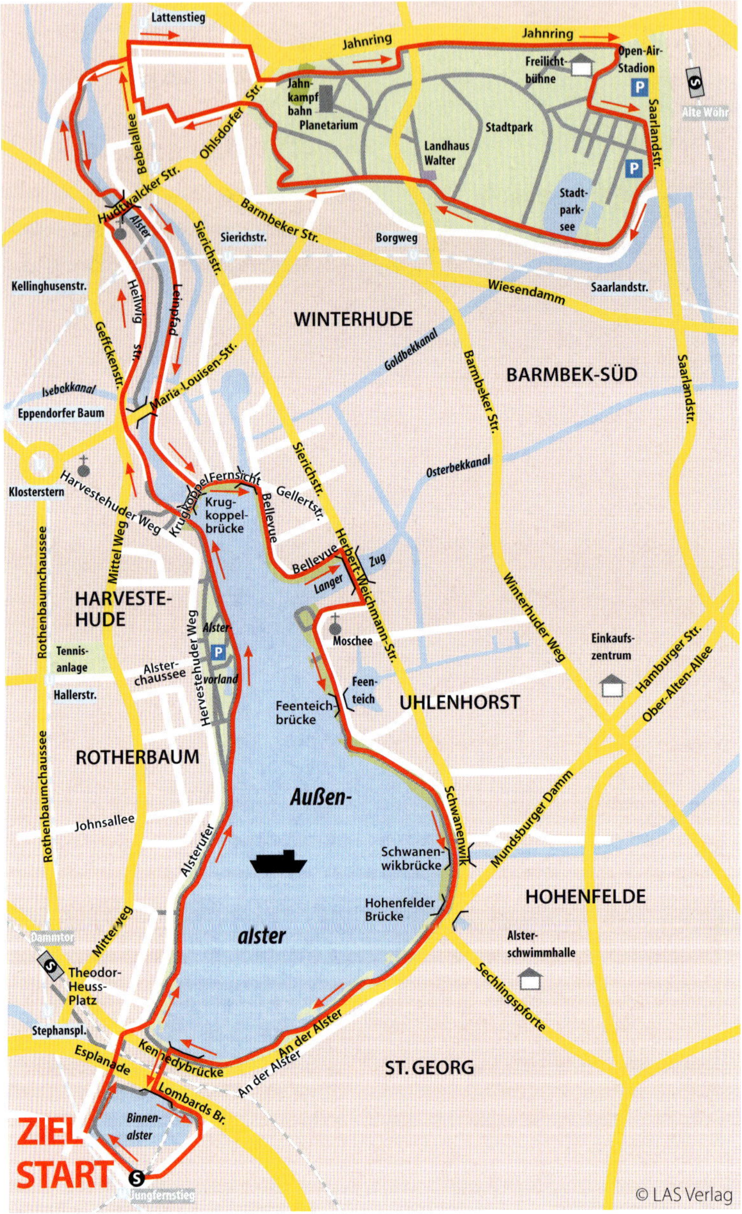

Lattenstieg
Jahnring
Jahnring
Open-Air-Stadion
Freilicht-bühne
Jahn-kampf-bahn
Planetarium
Stadtpark
Landhaus Walter
Saarlandstr.
Alte Wöhr
Stadt-park-see
Ohlsdorfer Str.
Bebelallee
Hudtwalcker Str.
Alster
Barmbeker Str.
Sierichstr.
Sierichstr.
Borgweg
Kellinghusenstr.
Heilwig str.
Leinpfad
Wiesendamm
Saarlandstr.
WINTERHUDE
Goldbekkanal
Geffckenstr.
Isebekkanal
Maria-Louisen-Str.
Barmbeker Str.
BARMBEK-SÜD
Saarlandstr.
Eppendorfer Baum
Sierichstr.
Osterbekkanal
Klosterstern
Harvestehuder Weg
Krugkoppel
Fernsicht
Krug-koppel-brücke
Bellevue
Gellertstr.
Mittel Weg
Bellevue
Herbert-Weichmann-Str.
Langer Zug
Winterhuder Weg
HARVESTE-HUDE
Alster-vorland
Harvestehuder Weg
Moschee
Einkaufs-zentrum
Hamburger Str.
Ober-Alten-Allee
Rothenbaumchaussee
Tennis-anlage
Alster-chaussee
Hallerstr.
Feen-teich
Feenteich-brücke
UHLENHORST
ROTHERBAUM
Rothenbaumchaussee
Außen-
Schwanenwik
Mundsburger Damm
Johnsallee
Alsterufer
Schwanen-wikbrücke
Hohenfelder Brücke
HOHENFELDE
Mittelweg
alster
Dammtor
Alster-schwimmhalle
Theodor-Heuss-Platz
Sechlingspforte
Stephanspl.
Esplanade
Kennedybrücke
An der Alster
An der Alster
ST. GEORG
Lombards Br.
Binnen-alster
ZIEL
START
Jungfernstieg
© LAS Verlag

Der Stadtpark, ein Juwel inmitten der Stadt

Streckenprofil

Streckenlänge:
> große Außenrunde: 5 km; variabel

Bodenbeschaffenheit:
> Waldwege, planierte Sandwege

Geeignet für:
> Anfänger, Fortgeschrittene

Treffpunkt:
> variabel, am besten bei der Jahnkampfbahn

Besonderheiten
> Ausflugsziel für die ganze Familie mit vielen Möglichkeiten, sich sportlich zu betätigen

Sonstiges:
> Für das leibliche Wohl ist vielerorts gesorgt.
> Schwimmen in Hamburgs großzügigstem Freibad.

Streckentelegramm

Jahnkampfbahn +++ Richtung Norden +++ in den Wald hinein +++ links Fußballplatz +++ Hindenburgstraße +++ große Wiese +++ links Fußballplatz +++ halblinks in den Wald hinein bis zum Open-Air-Stadion +++ hier scharf rechts +++ links in Richtung Saarlandstraße +++ am Parkeingang Saarlandstraße rechts +++ bis zum Schiffchenteich am Freibad +++ Grasweg bis Landhaus Walter +++ Hindenburgstraße überqueren +++ weiter parallel zum Grasweg +++ am Ende des Parks scharf rechts zur Jahnkampfbahn

Der Stadtpark, ein Juwel inmitten der Stadt

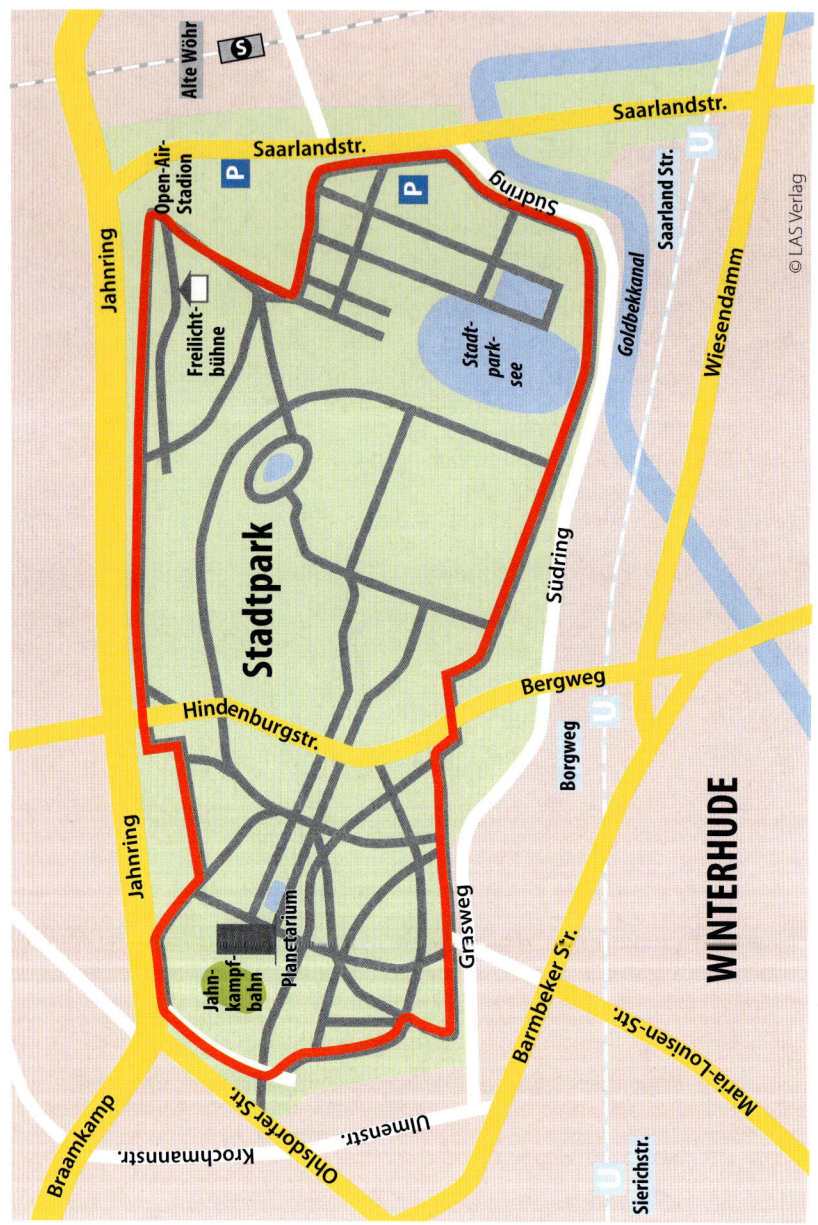

Dr. Steinmeiers Medical-Trail Nr. 1
Von der City in das Niendorfer Gehege und zurück

Streckenprofil

Streckenlänge:

Route A: 26,3 km

Route B: 10,6 km einfach, 21,2 km hin und zurück

Bodenbeschaffenheit:

planierte Sandwege, gelegentlich Asphalt, viele Waldwege

Geeignet für:

Fortgeschrittene

Treffpunkt:

Fit imPuls, Colonnaden 51

Besonderheiten:

Langstreckeneinheit, gut für Tempoeinheiten
und für Crosstraining

Sonstiges:

Mit Laufstrecke 11 (Alstertal) Hamburgs längste Laufstrecke

Streckentelegramm

Fit imPuls, Colonnaden 51 +++ Esplanade +++ Binnenalster +++ Lombards- und Kennedybrücke +++ Westufer der Alster +++ Krugkoppelbrücke +++ Hagedornpark +++ Heilwigstraße +++ Eppendorfer Hochzeitskirche +++ Winterhuder Fährhaus +++ Haynspark +++ Eppendorfer Mühlenteich +++ Kollauwanderweg +++ Querung Kollaustraße +++ entlang der Eisenbahntrasse +++ Vogt-Kölln-Straße +++ Niendorfer Gehege West +++ Niendorfer Gehege Ost +++ Niendorfer Gehege Süd +++ Kollauwanderweg +++ von Vogt-Kölln-Straße zurück +++ Querung Kollaustraße +++ Eppendorfer Mühlenteich +++ Haynspark +++ Winterhuder Fährhaus +++ Leinpfad +++ Krugkoppelbrücke +++ Alstervorland Westufer +++ Cliff +++ Kennedy- und Lombardsbrücke, Unterquerung +++ Binnenalster +++ Esplanade +++ Fit imPuls, Colonnaden 51/Ecke Esplanade

Dr. Steinmeiers Medical-Trail Nr. 1
Von der City in das Niendorfer Gehege und zurück

© LAS Verlag

Dr. Steinmeiers Medical-Trail Nr. 2
Laufen mit (Elb)Weitblick oder:
Take a walk on the wild side!

Streckenprofil

Streckenlänge:

6,1 km

Bodenbeschaffenheit:

Asphalt

Geeignet für:

Fortgeschrittene

Treffpunkt:

Trinitas-Kirche Altona

Besonderheiten:

Sehr hügelig, viele Steigungen, viele Treppen

Sonstiges:

Einzigartige Weitblicke über den Hafen

Streckentelegramm

Trinitas-Kirche Altona +++ Fischmarkt +++ Carsten-Rehder-Straße +++ Gehweg zum Hochhaus +++ Köhlbrandtreppe halb hinunter +++ schmaler Pfad nach rechts +++ kleiner Rosengarten +++ Olbersweg +++ Café Elbblick +++ steile Treppe +++ Rasen und Liegewiesen +++ welliges Gelände +++ Altonaer Balkon +++ Altonaer Rampe +++ Schopenhauerweg +++ Donnerspark +++ gewaltiger Rotklinkerbau des Augustinums mit Glaskuppeldach +++ Övelgönner Museumshafen +++ Lüdemanns Weg (steile Treppe) +++ Elbchaussee +++ Rosengarten +++ Elbtreppe hinunter zum Donnerspark +++ Schopenhauerweg +++ gleichen Weg zum Ausgangspunkt zurück

Dr. Steinmeiers Medical-Trail Nr. 2
Laufen mit (Elb-)Weitblick oder:
Take a walk on the wild side!

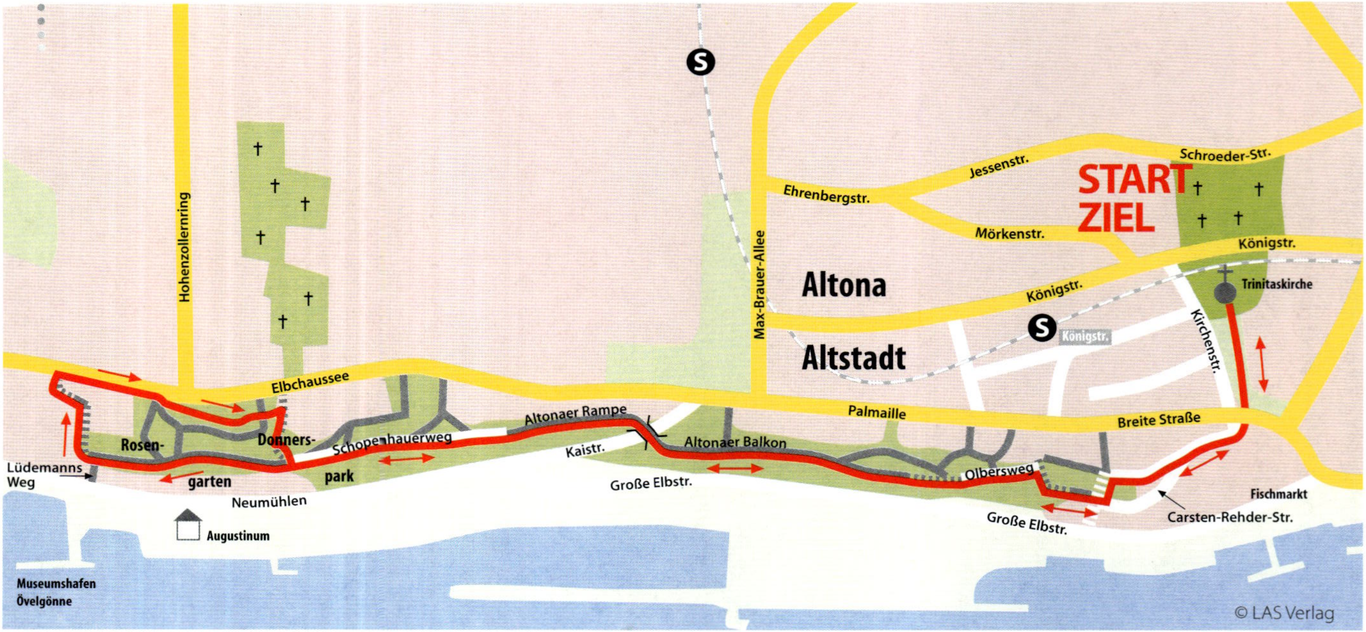

START
ZIEL

Schroeder-Str.

Königstr.

Trinitaskirche

Fischmarkt

Carsten-Rehder-Str.

Kirchenstr.

Breite Straße

Königstr.

Königstr.

S

Große Elbstr.

Jessenstr.

Mörkenstr.

Ehrenbergstr.

Olbersweg

Palmaille

Altona

Altstadt

Max-Brauer-Allee

S

Altonaer Balkon

Große Elbstr.

Kaistr.

Altonaer Rampe

Schopenhauerweg

Elbchaussee

Donners-

park

Neumühlen

Augustinum

Hohenzollernring

Rosen-

garten

Lüdemanns Weg

Museumshafen
Övelgönne

© LAS Verlag

182

Läufers Hamburger Hafenrunde

Streckenprofil

Streckenlänge:
> 11 km

Bodenbeschaffenheit:
> Asphalt

Geeignet für:
> Anfänger, Fortgeschrittene

Treffpunkt:
> Landungsbrücken

Besonderheiten:
> Abwechslungsreiche Hafenkulisse mit
> interessanten Ausblicken auf die Hamburger City

Sonstiges:
> Ein Hauch von Fernweh

Streckentelegramm

Landungsbrücken +++ alter Elbtunnel +++ Hermann-Blohm-Straße +++ Reiherdamm +++ Veddeler Damm +++ Haupthafenbahnhof +++ Am Saalehafen +++ Elbbrücken und Freihafenbrücke +++ Versmannstraße +++ Speicherstadt +++ Am Sandtorkai +++ Hanseatic Trade Center +++ Niederbaumwall +++ Baumwall +++ Sportboothafen +++ Leuchtfeuerschiff Elbe +++ Früchtefrachter »Cap San Diego« +++ Dreimaster »Rick Rickmers« +++ Landungsbrücken

Läufers Hamburger Hafenrunde

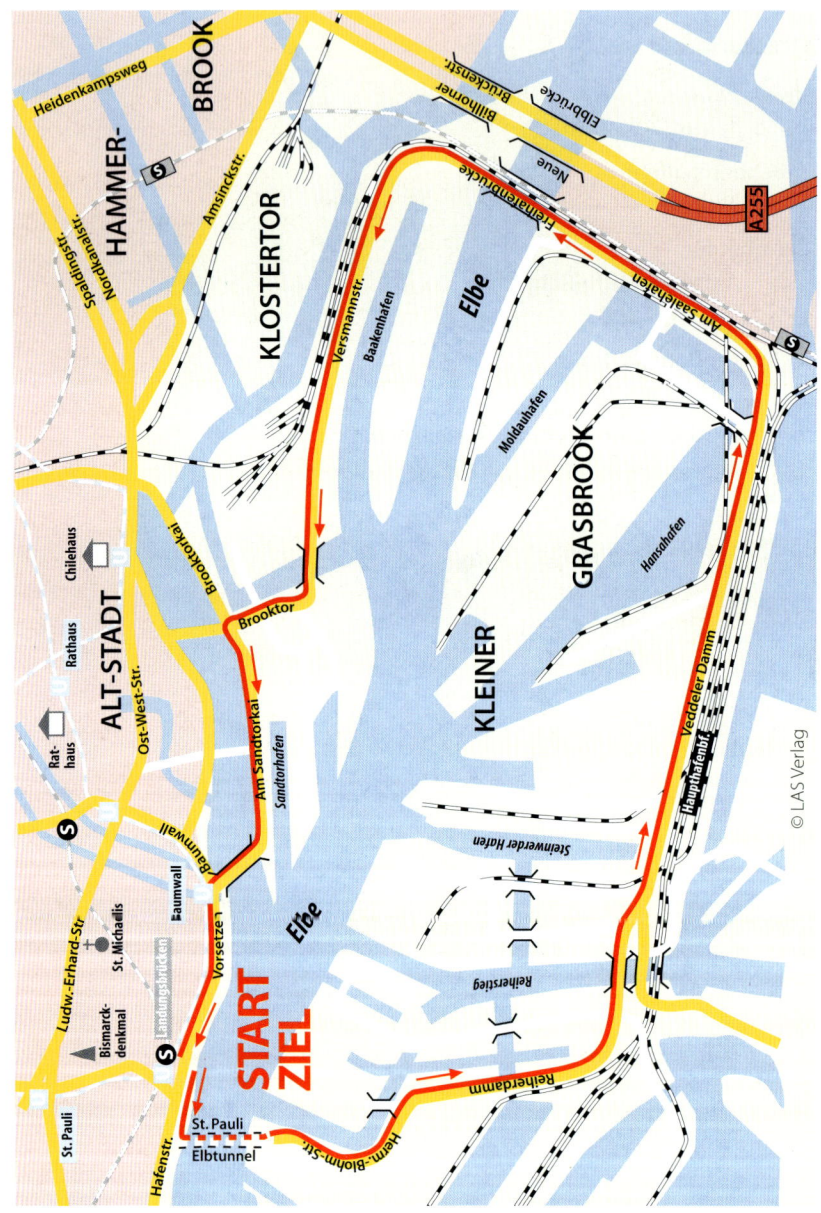

Der Volkspark, oder:
Hamburger Berg- und Geländetraining

Streckenprofil

Streckenlänge:
  4,5 km (kürzeste Strecke)

Bodenbeschaffenheit:
  planierte Sandwege, Asphalt, Waldwege

Geeignet für:
  Anfänger, Fortgeschrittene

Treffpunkt:
  Fußballstadion

Besonderheiten:
  Möglichkeiten zum Ausdauer- wie zum Crosstraining

Sonstiges:
  Waldgeprägte Parkanlage, sehr hügelig

Höhenprofil

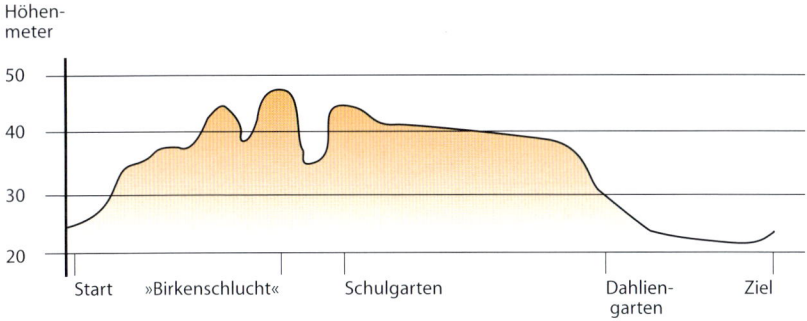

Streckentelegramm

Nordostecke der AOL-Arena +++ Kreuzung August-Kirchstraße/Ecke Nansenstraße +++ Waldweg Richtung Osten +++ Straße »Am Volkspark« +++ Schrebergartensiedlung »Birkenschlucht« +++ rechts in die Nansenstraße +++ Richtungsschild »Schulgarten« +++ Schulgarten +++ Südeingang Volkspark +++ entlang der Trabrennbahn +++ Dahliengarten +++ Stadionstraße +++ Altonaer Friedhof +++ Straße »Hellgrund« +++ Waldweg +++ Kreuzung August-Kirch-Straße/Ecke Nansenstraße +++ anschließend viele Variationen, querfeldein durch den Park

Der Volkspark, oder:
Hamburger Berg- und Geländetraining

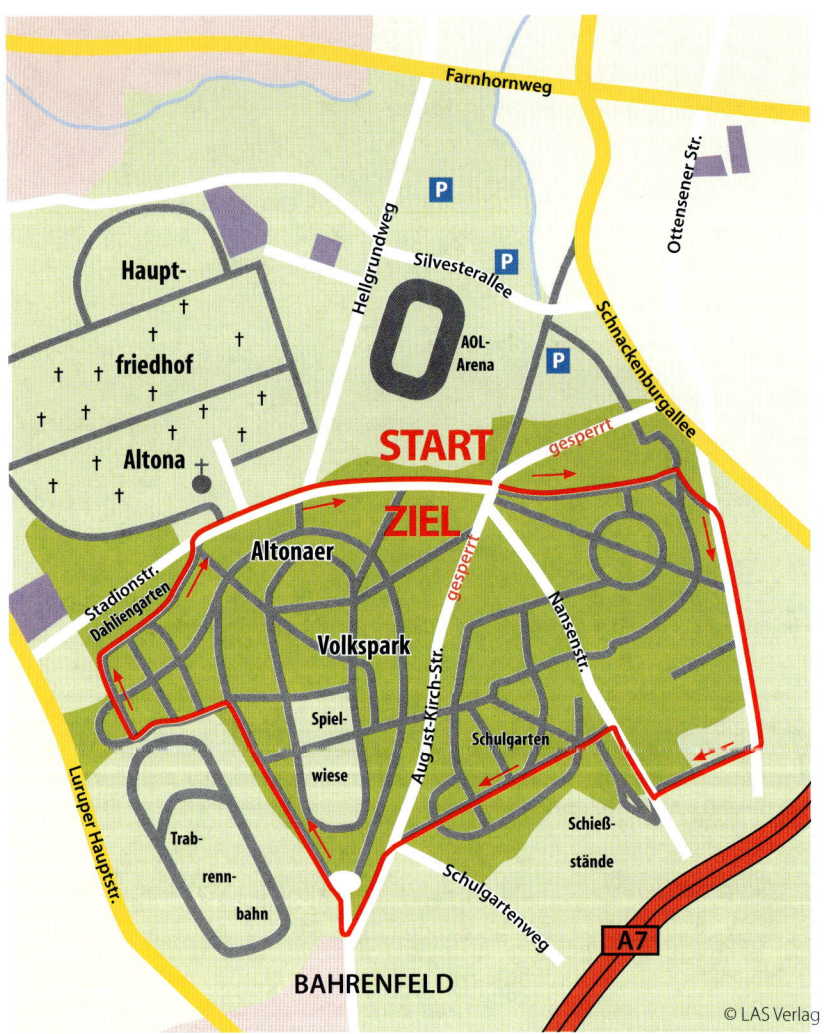

Övelgönner Elbe und Jenisch Park (Elbvororte) bis nach Blankenese

Streckenprofil

Streckenlänge:
> 8,6 km; incl. Verlängerung 16,6 km

Bodenbeschaffenheit:
> an der Elbe meistens Asphalt, selten planierte Sandwege;
> in Jenischpark überwiegend Sandwege

Geeignet für:
> Anfänger, Fortgeschrittene

Treffpunkt:
> Museumshafen Övelgönne

Besonderheiten:
> Museumshafen, Jenischpark;
> atemberaubender, unendlicher Blick über die mächtige Elbe

Sonstiges:
> Möglichkeit der Streckenverlängerung in das Blankeneser Treppenviertel (Strecke 7) und in die Elbparks (Strecke 8)

Streckentelegramm

Övelgönner Museumshafen +++ Strandperle +++ Himmelsleiter +++ Teufelsbrücker Sportboothafen +++ Düwelsbrück +++ Jenischpark +++ Teufelsbrücker Sportboothafen +++ Elbschlosstreppe +++ Jacobstreppe +++ Blankeneser Sportboothafen +++ Strandweg Blankenese +++ und zurück

Övelgönner Elbe und Jenisch Park (Elbvororte) bis nach Blankenese

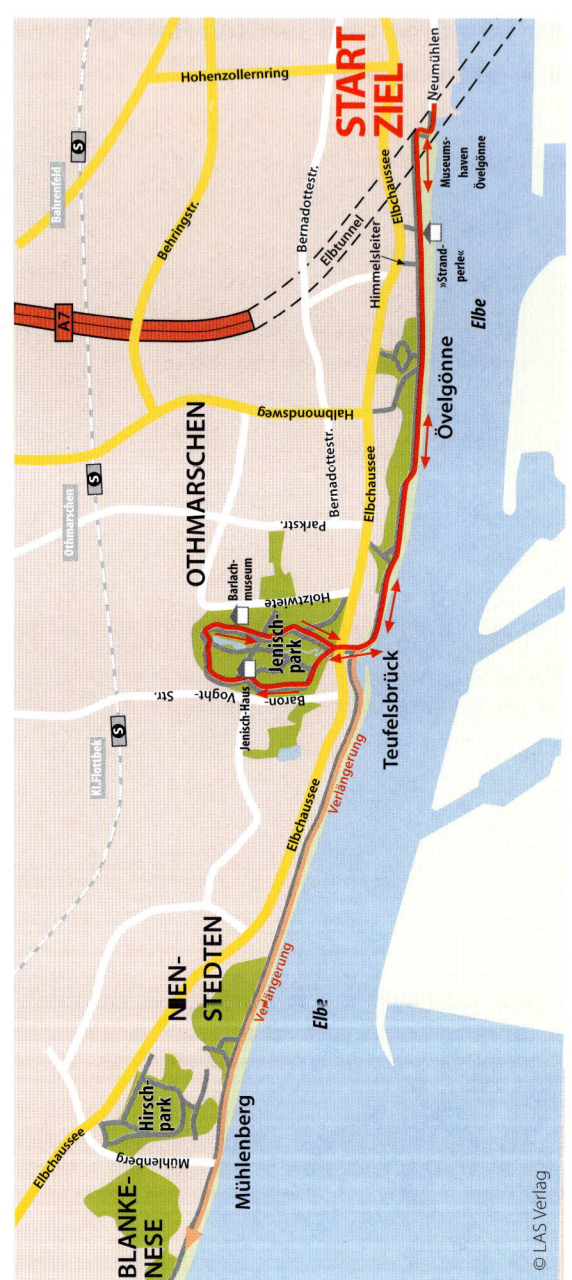

© LAS Verlag

Das Blankeneser Treppenviertel, ein sagenhaftes Labyrinth

Streckenprofil

Streckenlänge:

6,9 km ohne Hirschpark; 10 km mit Hirschpark

Bodenbeschaffenheit:

Treppen, Treppen, Treppen;

Waldboden und Sandwege im Hirschpark

Geeignet für:

Fortgeschrittene

Treffpunkt:

Parkplatz Elbchaussee/Ecke Mühlenberger Weg

Besonderheiten:

Deutschlands atemberaubendstes Treppenlabyrinth

Sonstiges:

Höhenmeter ohne Ende

Höhenprofil

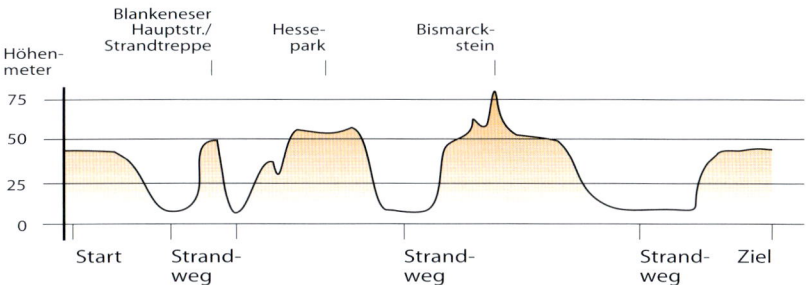

Streckentelegramm

Parkplatz Elbchaussee/Ecke Mühlenberger Weg +++ Mühlenberger Weg +++ Ortsamt Blankenese +++ Blankeneser Leuchtturm +++ Blankeneser Jollenhafen +++ Baurs Weg +++ Bröers Treppe +++ Osterweg +++ Strandweg +++ Strandhotel +++ Strandtreppe +++ Blankeneser Hauptstraße +++ Beckers Treppe +++ Flashoffs Treppe +++ Kiekeberg +++ Hessepark +++ Kiekeberg +++ Steiler Weg +++ Blankeneser Hauptstraße +++ Lesemanns Treppe +++ Blankeneser Hauptstraße +++ Elbgang +++ Strandweg +++ Leuchtturm +++ Krumdahl +++ Sechslingstreppe +++ Krumdahler Weg +++ Richard-Dehmel-Straße +++ Bismarckstein +++ Aussichtsplattform +++ andere Seite bismarckstein zurück +++ Richard-Dehmel-Straße +++ Süllbergterrasse +++ Schuldts Kaffee- und Biergarten +++ Bornholdts Treppe +++ Blankeneser Hauptstraße +++ Krögers Treppe +++ Brandts Weg +++ Blankeneser Hauptstraße +++ Lesemanns Treppe +++ Sagebiels Treppe +++ Strandweg +++ Fähranleger +++ Blankeneser Jollenhafen +++ Mühlenberger Weg +++ Leuchtturm +++ Ortsamt Blankenese +++ Ausgangspunkt Elbchaussee/Mühlenberger Weg.

Zusatzrunde Hirschpark:

Elbchaussee +++ Pepers Diek +++ Witthüs +++ Lola-Rogge-Schule +++ Richtung Elbe +++ Buchenwald +++ Rotwildgehege +++ Elbchaussee ++ + Blankeneser Tennisclub +++ Hamburgs größter Rhododendrenwald +++ Witthüs +++ Pepers Diek +++ Elbchaussee +++ Ausgangspunkt

189

Das Blankeneser Treppenviertel, ein sagenhaftes Labyrinth

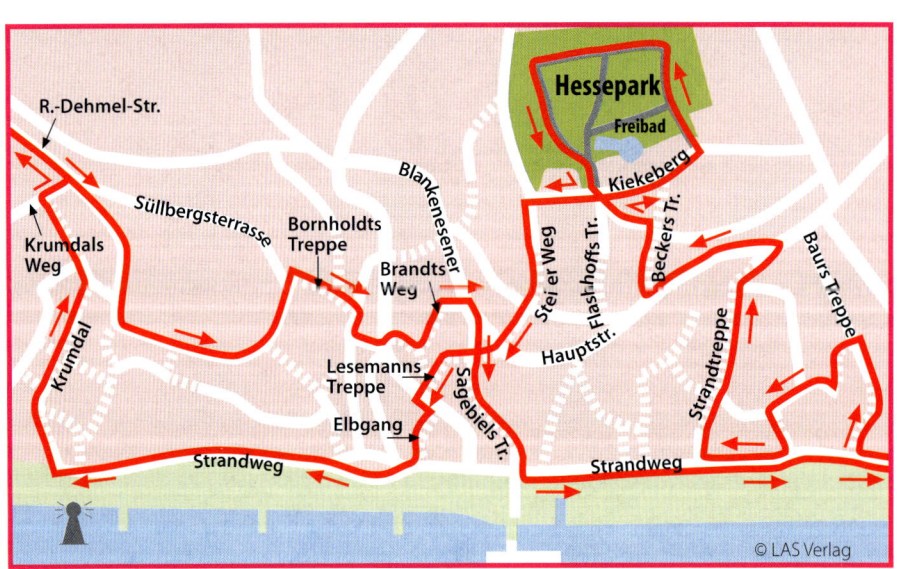

Die Elbparks

Streckenprofil

Streckenlänge:
    10,7 km

Bodenbeschaffenheit:
    Gehwegplatten, planierte Sandwege,
    Asphaltwege, viele Treppen, Waldwege

Geeignet für:
    Fortgeschrittene

Treffpunkt:
    Bahnhof Blankenese

Besonderheiten:
    sehr hügelig, teilweise steil; Hamburgs höchster Berg:
    der Bismarckstein mit 83 Meter über N.N.

Sonstiges:
    Schöner geht es nicht!

Höhenprofil

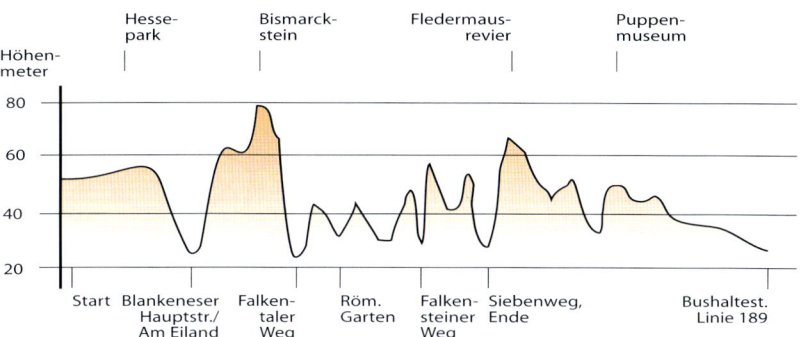

Streckentelegramm

Blankeneser Bahnhof +++ Blankeneser Bahnhofstraße +++ Osterleystraße ++
+ Hessepark +++ Kiekeberg +++ Charitas-Bischoff-Treppe +++ Blankenser
Hauptstraße +++ Am Eiland +++ Bismarckstein +++ Aussichtsplattform ++
+ Falkentaler Weg +++ Römischer Garten +++ Höhenweg durch den Wald +
++ Falkensteiner Weg +++ Fledermausschutzrevier +++ Höhenweg durch den
Wald +++ Puppenmuseum +++ Sven-Simon-Park +++ Grotiusweg +++ Tins-
daler Kirchenweg +++ Wittenberger Weg +++ Falkensteiner Ufer +++ Strand-
weg +++ Blankeneser Hauptstraße +++ Blankeneser Bahnhofstraße +++ Bahn-
hof Blankese

191

Die Elbparks

Der Klövensteen und Schnaakenmoor

Streckenprofil

Streckenlänge:
    11,8 km

Bodenbeschaffenheit:
    planierte Sandwege, Asphaltwege, Waldwege, Moorwege

Geeignet für:
    Anfänger, Fortgeschrittene

Treffpunkt:
    Beginn des Sandmoorweges an der Brücke über die S-Bahn

Besonderheiten:
    Wald, Moor, Wiesen, Weiden, Wildgehege

Sonstiges:
    Für Kinder ist das Wildgehege besonders empfehlenswert.

Streckentelegramm

S-Bahnbrücke Sandmoorweg + + + Weggabelung Sandmoorweg/Rüdigergau halb links + + + Waldschänke + + + Wildgehege + + + Feldweg 85 + + + Naturschutzgebiet Schnakenmoor + + + an den Moorteichen links + + + Feldweg 88 nach links + + + Reiterhof am Babenwischenweg + + + rechts in den Feldweg 92 + + + Klövensteen in den Wald hinein + + + gelbem Wanderpfeil HO (Holm) folgen + + + vor dem Waldteich nach links + + + Butterbargsmoorweg + + + lange geradeaus + + + hinter Straßenknick nach links in den Fichtenforst + + + Seemoorweg queren + + + nach 600 Metern Einzelhaus + + + rechts zum Haidehof + + + hier links, dann an 2 großen Findlingen vorbei + + + Zickzackweg durch Wiesen und Wald + + + Parkplatz der Waldschänke am Wildgehege + + + Sandmoorweg zurück bis S-Bahnbrücke in Rissen

Der Klövensteen und Schnaakenmoor

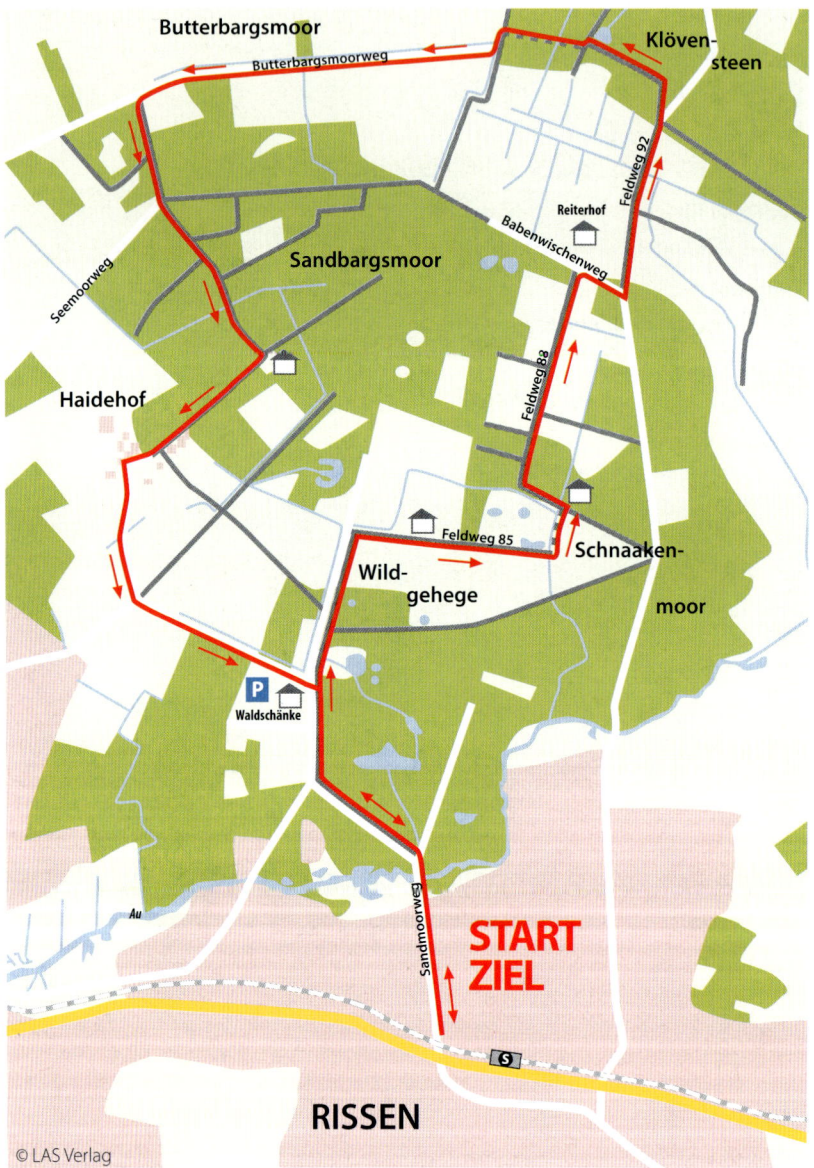

Die Sülldorfer Kiesgrube

Streckenprofil

Streckenlänge:
Rundweg 2 km; in Kiesgrube beliebige Cross-Strecken

Bodenbeschaffenheit:
Sand, Kies

Geeignet für:
Fortgeschrittene

Treffpunkt:
Bundesamt für Seeschifffahrt und Hydrographie

Besonderheiten:
Steile Hänge, Sand und Kies

Sonstiges:
Gutes Einlaufen im direkt benachbarten Waldpark Marienhöhe

Die Sülldorfer Kiesgrube

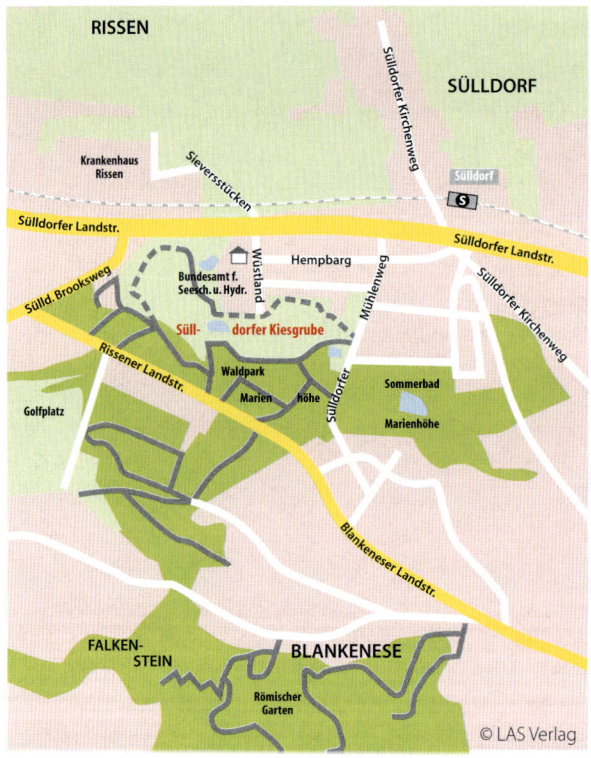

Das Alstertal

Streckenprofil

Streckenlänge:
 19,4 km

Bodenbeschaffenheit:
 Planierte Sandwege, Waldwege

Geeignet für:
 Fortgeschrittene; Anfänger (nur kurze Teilabschnitte)

Treffpunkt:
 U-Bahn-Brücke am Albert-Schweitzer-Gymnasium

Besonderheiten:
 Teilweise steile Anstiege und Gefälle, Möglichkeiten zum Crosslauf

Sonstiges:
 Keine einzige Straße muss überquert werden.

Streckentelegramm

U-Bahn-Brücke Albert-Schweitzer-Gymnasium +++ flussaufwärts +++ Brücke am »Grünen Winkel« +++ Uhlenhorster Tennis- und Hockeyclub +++ Wellingbüttler Torhaus +++ große, geschwungene Betonbrücke über die Alster +++ Unterquerung des Ring 2 (Saseler Damm) +++ Poppenbüttler Schleuse +++ weiter direkt am Flusslauf +++ Mellingburger Schleuse +++ bergan zur Pferdekoppel (Hunskoppel) +++ um die Koppel herum zurück zur Mellingburger Schleuse +++ an der Schleuse geradeaus in den schmalen, eingezäunten Weg +++ Lehmsalerstraße +++ zur Straße »An der Alsterschleife« +++ Fußweg steil abwärts zum Alsterlauf +++ von hier gleichen Weg zum Ausgangspunkt U-Bahn-Brücke Albert-Schweitzer-Gymnasium zurück

Das Alstertal

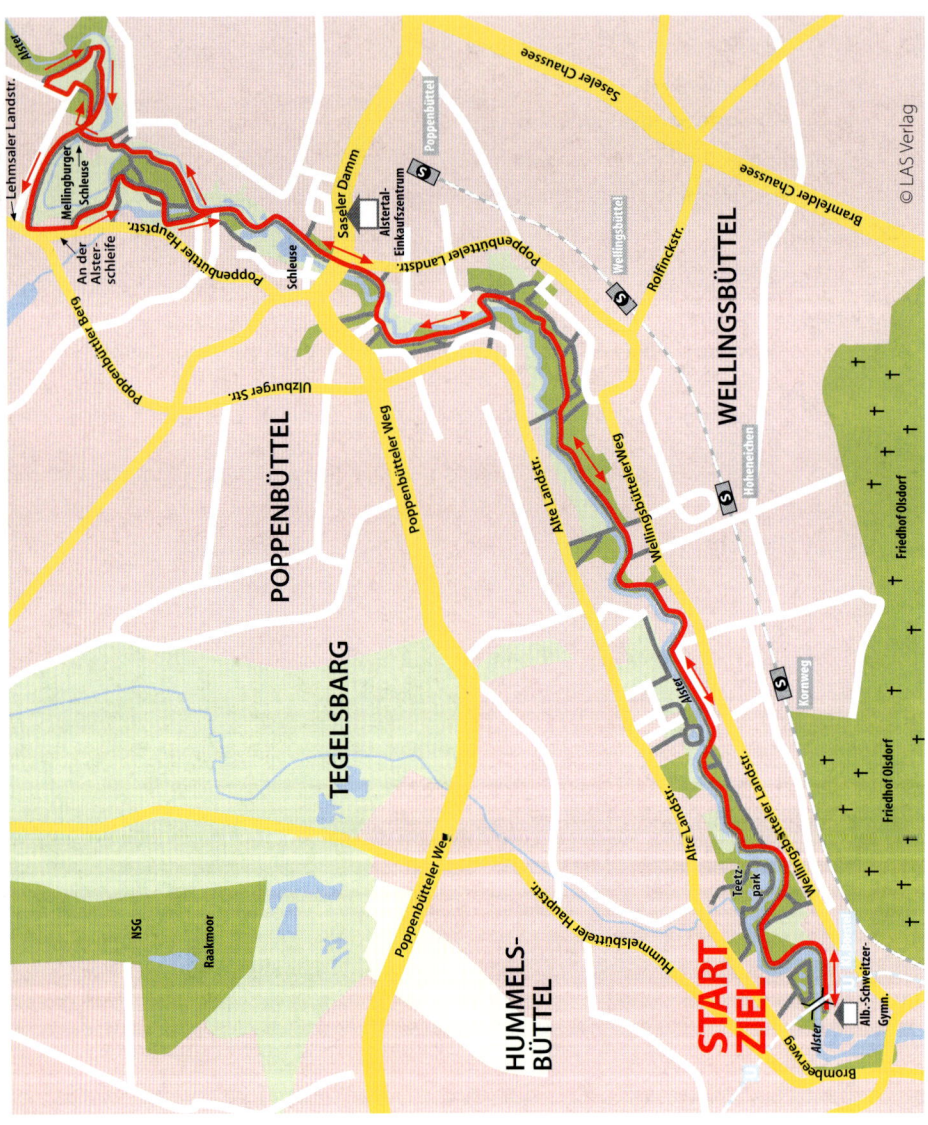

Volksdorfer Teichwiesen

Streckenprofil

Streckenlänge:

kurze Strecke ohne Waldlauf: 2,6 km;

lange Strecke mit Waldlauf: 5,2 km

Bodenbeschaffenheit:

planierte Sandwege, Asphalt, Waldwege, Gehwegplatten

Geeignet für:

Anfänger, Fortgeschrittene

Treffpunkt:

Teichwiesen, Zugang Halenreie

Besonderheiten:

Laufstrecke des 100-Marathon-Clubs

Streckentelegramm

Zugang Halenreie +++ rechts um die Teichwiesen +++ am Ende der Teichwiesen geradeaus in den Wald hinein +++ an der Straße »Bekwisch« links +++ Straße »Saseler Kamp« bis Volksdorfer Weg +++ weiter geradeaus in den Wald hinein +++ bis zum Flüsschen »Berner Au« +++ hier links am Waldrand entlang +++ bis zum wuchtigen Wilhelminischen »Johann-Petersen-Heim« +++ Querung des Saseler Weges +++ dem Bach folgen bis Teichwiesenrunde +++ an den Teichwiesen rechts entlang zum Ausgangspunkt Halenreie

Volksdorfer Teichwiesen

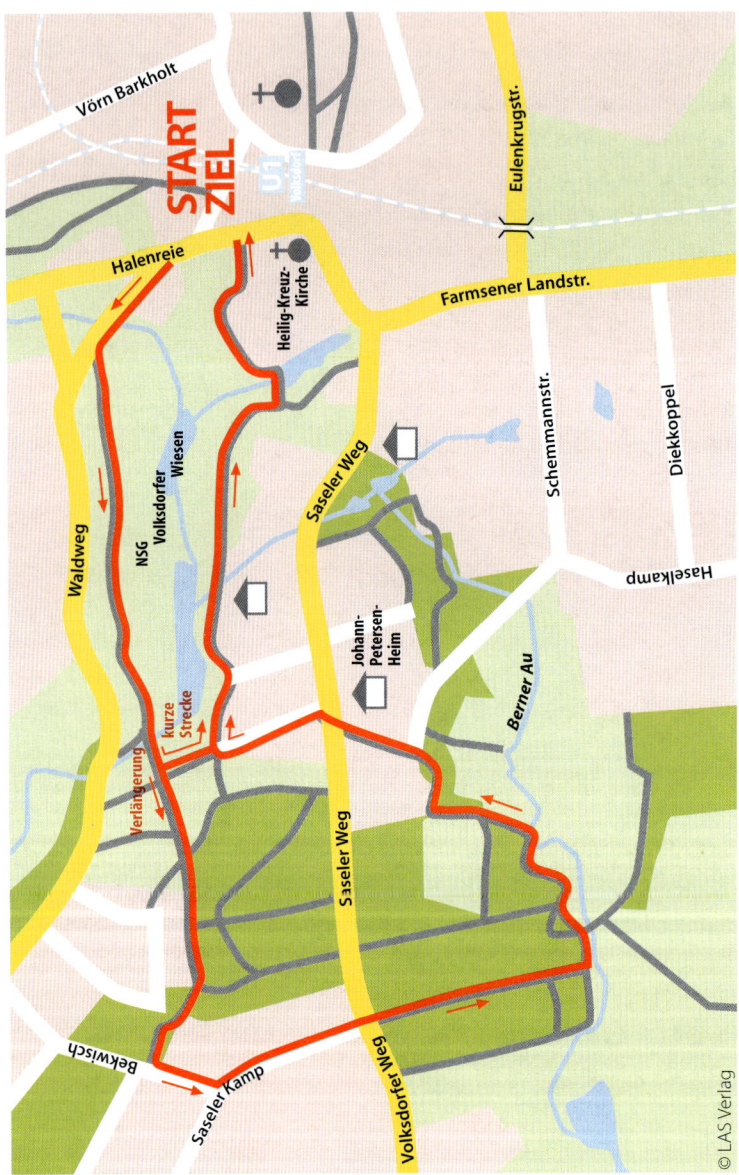

Rodenbeker Quellental mit den Naturgebieten Hainesch und Iland

Streckenprofil

Streckenlänge:
9,4 km

Bodenbeschaffenheit:
Waldböden, planierte Sandwege

Geeignet für:
Anfänger, Fortgeschrittene

Treffpunkt:
Sackgassenende der Straße »Haselknick«

Streckentelegramm

Sackgassenende der Straße »Haselknick« +++ Richtung Campingplatz +++ am Alsterlauf links flussabwärts +++ dem gelben Pfeil P (für Poppenbüttel) folgen +++ Gasthof »Quellental« +++ Querung der Straße Trillup +++ weiter entlang des Alsterlaufes +++ Straße »Kortenland« +++ durch den Wald zum Gasthof »Alte Mühle« +++ Querung der Schleusenbrücke +++ am Ufer des Weihers weiter +++ dem gelben Pfeil P (für Poppenbüttel) folgen +++ noch eine Schleusenquerung über die Saselbek +++ bergan zur Hochfläche +++ hier dem gelben Pfeil nach rechts folgen bis Bergstedter Chaussee +++ hier links +++ Querung des Strässchens »Iland«, hinein in den »Heindaal« +++ an der Pferdekoppel scharf links +++ in den »Furtstieg« hinein +++ Weg bis Gasthaus »Alte Mühle« +++ ab hier den gleichen Weg zurück bis zum Gasthof »Quellental« +++ ab hier der Ausschilderung K (für Kayhude) folgen +++ zum Ausgangspunkt »Haselknick« zurück

Rodenbeker Quellental mit den Naturgebieten Hainesch und Iland

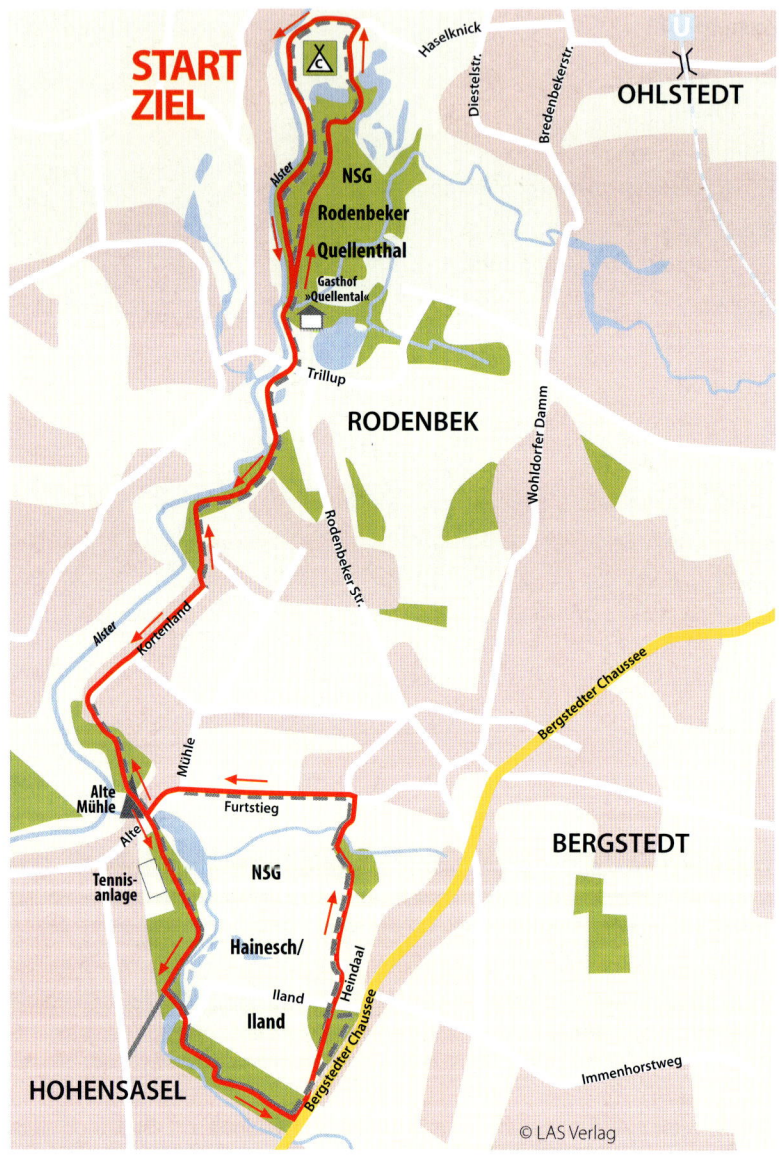

START
ZIEL

Haselknick

Dieselstr.

Bredenbekerstr.

OHLSTEDT

Alster

NSG
Rodenbeker
Quellenthal

Gasthof
»Quellental«

Trillup

RODENBEK

Wohldorfer Damm

Rodenbeker Str.

Alster

Kortenland

Bergstedter Chaussee

Mühle

Alte
Mühle

Furtstieg

Alte

Tennis-
anlage

NSG

Hainesch/

Iland

Iland

Heindaal

BERGSTEDT

Immenhorstweg

HOHENSASEL

Bergstedter Chaussee

© LAS Verlag

Wohldorfer Wald

Streckenprofil

Streckenlänge:
 7,2 km

Bodenbeschaffenheit:
 Waldwege, planierte Sandwege, wenig Kopfsteinpflaster

Geeignet für:
 Anfänger, Fortgeschrittene

Treffpunkt:
 U-Bahnhof Ohlstedt

Besonderheiten:
 Waldeinsamkeit, Urwald

Sonstiges:
 ideale Ergänzung zu Lauf 13 »Rodenbeker Quellental«

Streckentelegramm

U-Bahnhof Ohlstedt +++ Alte Dorfstraße +++ Melhopsweg +++ rechter Weg in den Buchenwald +++ Weggabelung rechts +++ Feuchtwiesen +++ danach links abbiegen +++ Waldteich +++ Waldfriedhof +++ unauffälliger schmaler Pfad direkt gegenüber dem Waldfriedhof +++ Brügkamp +++ Ammersbek-Schleuse +++ Überquerung Herrenhausallee +++ Schünenkoppel +++ Aueweg an der Ammersbek entlang +++ am Herrenhaus vorbei +++ an den Gaststuben vorbei +++ über das Stauwehr »Mühlenredder« +++ 2. Kreuzung links in den »Katerstieg« +++ am Aueweg rechts +++ »Kupferredder« +++ Melhopsweg +++ Alte Dorfstraße +++ U-Bahnhof Ohlstedt

Wohldorfer Wald

© LAS Verlag

Wandsbeker Gehölz

Streckenprofil

Streckenlänge:
   4,1 km

Bodenbeschaffenheit:
   planierte Sandwege, Waldwege,
   selten Asphalt

Geeignet für:
   Anfänger,
   Fortgeschrittene

Treffpunkt:
   S-Bahnhof Wandbek

Besonderheiten:
   Absolut zentral im
   Herzen von Wandsbek

Streckentelegramm

S-Bahnhof Wandsbek +++ Jüthornstraße +++ durch den Buchenwald +++ Kielmannseggstraße +++ weiter im Buchenwald bis »Osterkamp« +++ Husarenweg bis Universität der Bundeswehr +++ gleichen Weg bis »Osterkamp« zurück +++ links neben den Tennisplätzen in den Wald hinein +++ an der Rückfront des Concordia-Fußballstadions entlang +++ Kielmannseggstraße +++ Buchenwald +++ Jüthornstraße +++ Sackgasse »Gehölzweg« +++ S-Bahnhof Wandsbek

Wandsbeker Gehölz

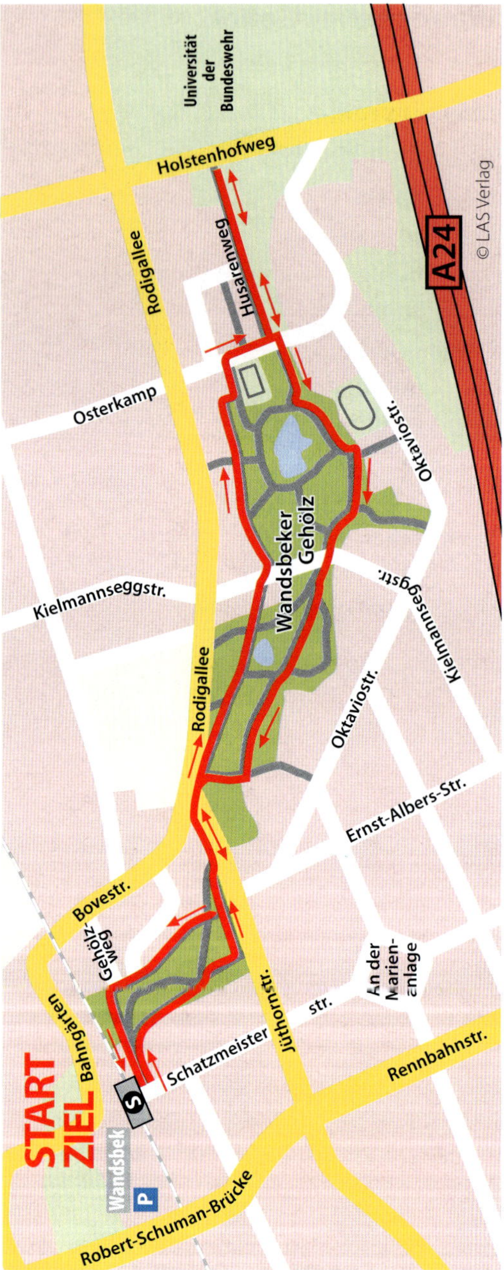

© LAS Verlag

Universität der Bundeswehr

Holstenhofweg

A24

Husarenweg

Osterkamp

Rodigallee

Oktaviostr.

Wandsbeker Gehölz

Kielmannseggstr.

Kielmannseggstr.

Oktaviostr.

Ernst-Albers-Str.

Rodigallee

An der Marien-anlage -str.

Bovestr.

Gehölz Weg

Schatzmeisterstr.

Jüthornstr.

Rennbahnstr.

START
ZIEL Bahngärten

Wandsbek

Robert-Schuman-Brücke

Boberger Dünen

Streckenprofil

Streckenlänge:

9,4 km

Bodenbeschaffenheit:

Dünen, Sand-, Wald-, Gras-, Asphalt-, Lehmwege

Geeignet für:

Anfänger, Fortgeschrittene

Treffpunkt:

Parkplatz Boberger Furtweg

Besonderheiten:

Landschaftlich abwechslungsreichste Laufstrecke in Hamburg

Sonstiges:

Sehr sehenswert: Haus des Naturschutzes am Boberger Furtweg

Streckentelegramm

Parkplatz »Boberger Furtweg« + + + Walter-Hammer-Weg oder Lauf durch große Sanddüne + + + Feldwege parallel zum Segelfluggelände + + + am Ende des segelfluggeländes rechts herum + + + das Achtermoor umrunden + + + weiter in Richtung des barocken Billwerder Kirchturms + + + Weg zur Billwerder Kirche + + + am Fluss »Bille« links flussaufwärts + + + 3 km weit immer am Flussufer entlang + + + »Boberger Furtweg« + + + Haus des Naturschutzes + + + Parkplatz »Boberger Furtweg«

Boberger Dünen

Bergedorfer Gehölz und Reinbeker Krähenwald

Streckenprofil

Streckenlänge:
7,2 km

Bodenbeschaffenheit:
Planierte Sandwege, Waldwege, wenig Asphalt

Geeignet für:
Fortgeschrittene

Treffpunkt:
Parkplatz Luisengymnasium

Besonderheiten:
Hügeliger Crosslauf

Streckentelegramm

Parkplatz Luisengymnasium in Bergedorf + + + Buchenwald in Richtung »Bille« + + + lang gezogene Holzbrücke über die Bille + + + Unterquerung der Bahnlinie Hamburg – Berlin + + + Uferweg an der Bille entlang + + + allein stehendes Backsteinhaus, rechts vorbei + + + am Uferweg bis zum Rowohlt-Verlag + + + hier Wendepunkt + + + zurück zum allein stehenden Backsteinhaus + + + geradeaus die Steigung in den Wald hinein + + + vor der Siedlung links den Höhenweg oberhalb der Bille nehmen + + + vor den freien Feldern/Äckern links hinunter zur Bille + + + am Uferweg rechts flussabwärts + + + nach 500 Metern links über die Bille + + + Teichgebiet und Schrebergärten + + + Chrysanderstraße links + + + Bahnlinie unterqueren + + + Möörkenweg links + + + Daniel-Hinsche-Straße + + + nach 20 Metern links hinauf durch den Wald + + + Parkplatz Luisengymnasium

Bergedorfer Gehölz und Reinbeker Krähenwald

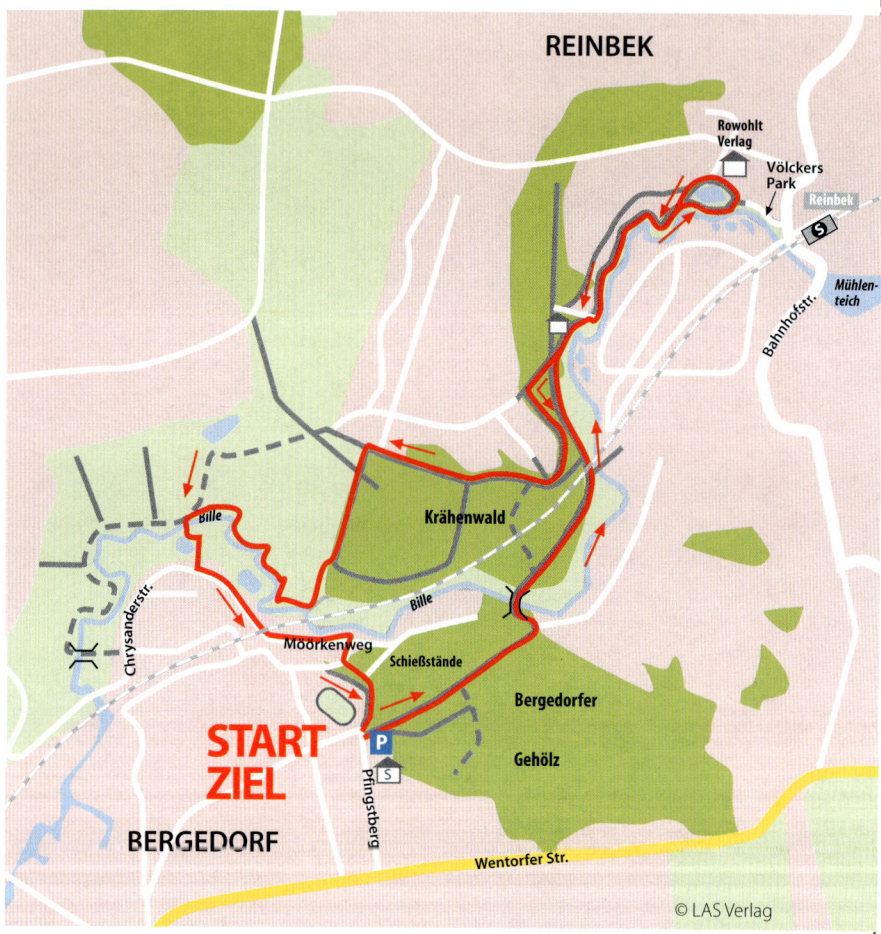

REINBEK

Rowohlt Verlag

Völckers Park

Reinbek

Mühlenteich

Bahnhofstr.

Krähenwald

Bille

Bille

Möörkenweg

Chrysanderstr.

Schießstände

Bergedorfer

Gehölz

START ZIEL

Pfingstberg

BERGEDORF

Wentorfer Str.

© LAS Verlag

Öjendorfer Park und See

Streckenprofil

Streckenlänge:

Kleine Runde 3,0 km, große Runde 4,5 km

Bodenbeschaffenheit:

Planierte Sandwege

Geeignet für:

Anfänger, Fortgeschrittene

Treffpunkt:

Parkplatz am Südende des Sees

Besonderheiten:

Familienausflugsziel

Streckentelegramm

Parkplatz am Südende des Sees (Reinskamp/Driftredder) + + + schnurgerader Weg am Westufer + + + Ruhezone für Vögel am Nordufer des Sees + + + Ostufer mit Hügeln, Wäldern, Wiesen + + + Parkplatz am Südende

Öjendorfer Park und See

© LAS Verlag

Bramfelder See

Streckenprofil

Streckenlänge:
   Eine Runde: 2,7 km

Bodenbeschaffenheit:
   Planierte Sandwege, Asphalt

Geeignet für:
   Anfänger

Treffpunkt:
   Rondell an der
   Fabriciusstraße

Besonderheiten:
   Kürzeste Hamburger
   Laufstrecke

Bramfelder See

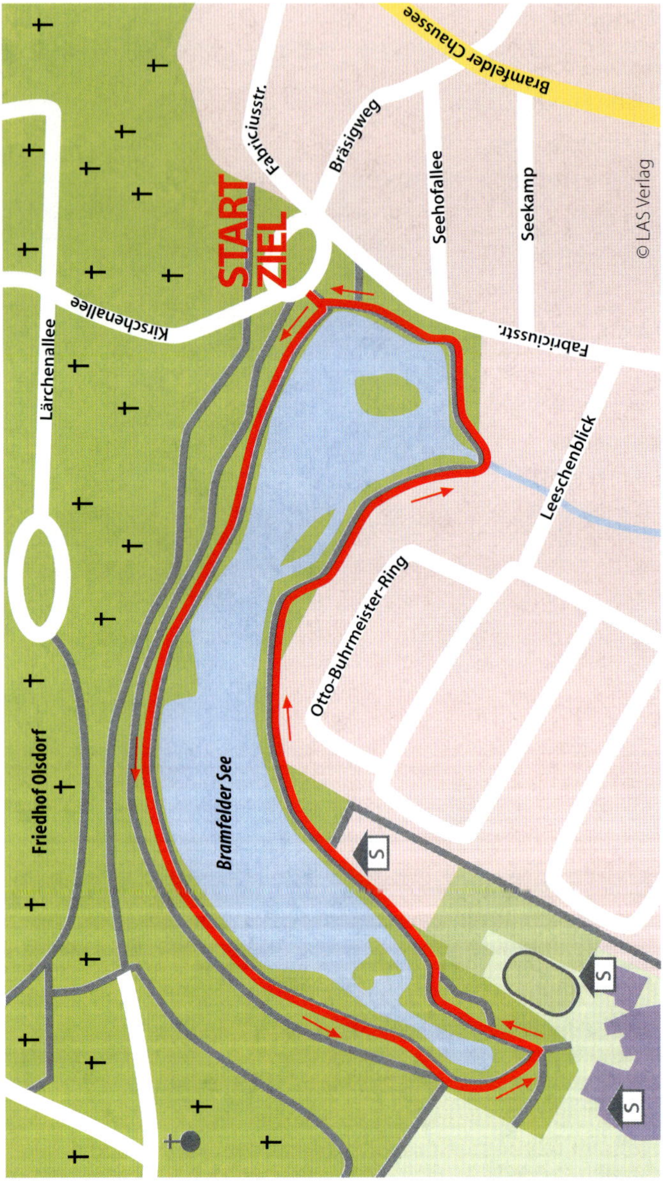

Höltigbaum und Stellmoorer Tunneltal

Streckenprofil

Streckenlänge:
    8,8 km

Bodenbeschaffenheit:
    Viel Crosslauf (bei Nässe morastige Stellen in der ersten Streckenhälfte), Waldwege, Asphalt- und Betonstraßen, planierte Sandwege

Geeignet für:
    Fortgeschrittene

Treffpunkt:
    Squashanlage Eichbergstraße

Besonderheiten:
    Renaturiertes Naturschutzgebiet

Sonstiges:
    Sehenswerte Informationen bei der »Stiftung Naturschutz Schleswig-Holstein«

Streckentelegramm

Squashanlage Eichberg + + + links neben der Squashanlage in die Allee hinein + + + nach 250 Metern links in die Wiesen und Weiden, über die Wandse, zur Bahnlinie Hamburg – Lübeck + + + Hagenweg bergan + + + kurz vor der Kuppe links hinunter zur Bahnlinie + + + Brücke über Stellmoorer Quellfluss + + + Straße Poggenbrook + + + nach rechts Anstieg zum Wald + + + links die Cross-Strecke in die Fichtenschonung + + + am Ahrensfelder Weg rechts + + + nach 200 m Feldweg links + + + Hagenweg rechts + + + nach 200 m Betonpiste nach links zur Wandse + + + nach Rechtsbogen der Betonpiste rechts in planierten Sandweg hinein + + + nach 1,6 km auf der linken Seite die Büros der »Stiftung Naturschutz Schleswig-Holstein« + + + Beginn der asphaltierten Eichbergstraße + + + Squashanlage

Höltigbaum und Stellmoorer Tunneltal

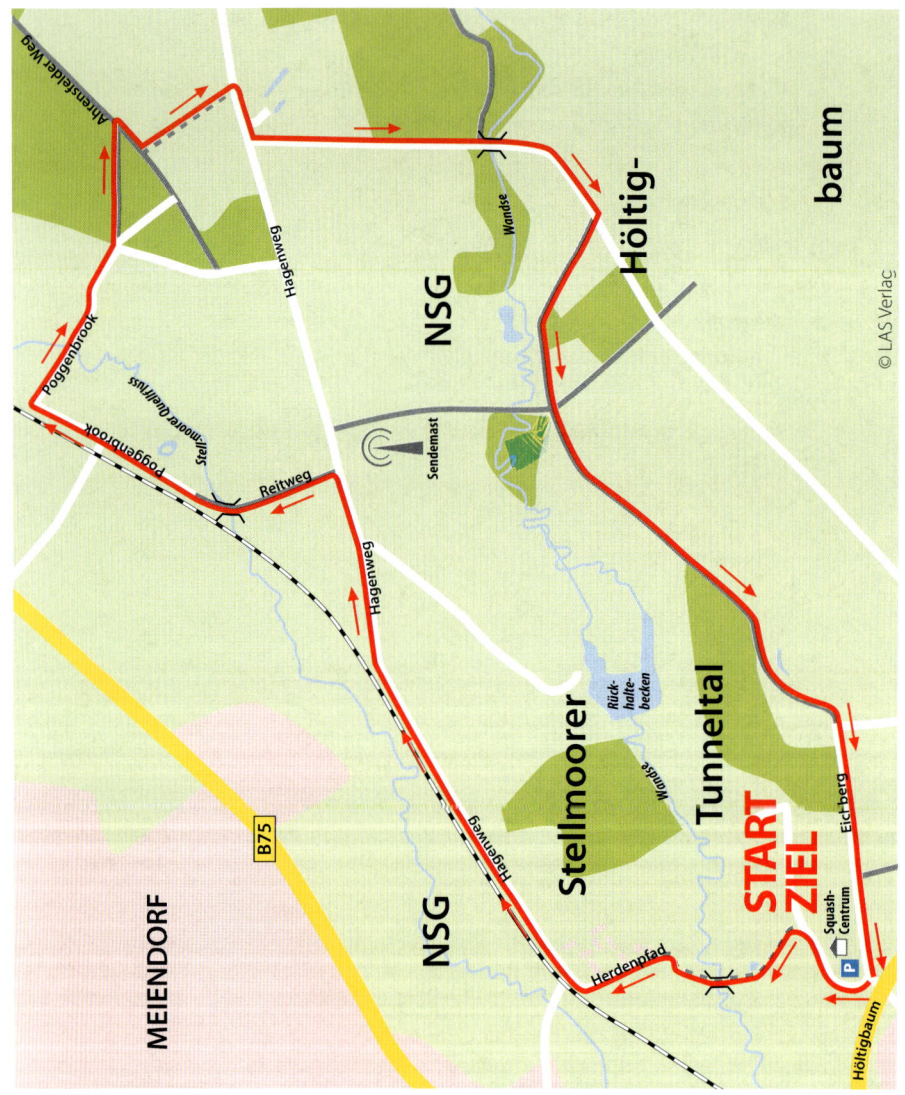

© LAS Verlag

Wasserpark Dove-Elbe

Streckenprofil

Streckenlänge:
>   11,2 km

Bodenbeschaffenheit:
>   Asphalt, einige planierte Sandwege

Geeignet für:
>   Anfänger, Fortgeschrittene

Treffpunkt:
>   Parkplatz westlich des Olympiastützpunktes für Ruderer

Besonderheiten:
>   Strecke auf Deichkrone entlang

Streckentelegramm

Parkplatz westlich des Olympiastützpunktes für Ruderer + + + Richtung Osten zur Dreieinigkeitskirche + + + rechts über die Kirchenbrücke die Dove-Elbe überqueren + + + Vorderdeich + + + Reitbrooker Westerdeich + + + vor der Gose-Elbe nach rechts auf den Reitdeich + + + über die Reitschleuse + + + Ochsenwerder Norderdeich + + + Tatenberger Deich + + + Jachthafen Tatenberg + + + Tatenberger Schleuse + + + rechts in den Moorfleeter Deich + + + Moorfleeter Jachthafen + + + Landzunge zwischen Dove-Elbe und Eichbaumsee + + + Ausgangsparkplatz

Wasserpark Dove-Elbe

Fischbeker Heide

Streckenprofil

Streckenlänge:
4,9 km

Bodenbeschaffenheit:
Sandwege, Waldwege

Geeignet für:
Fortgeschrittene!

Treffpunkt:
Parkplatz Opferberg, Sportplatz

Besonderheiten:
Ideale Cross-Strecke

Sonstiges:
Ultimative Herausforderung
für Krafttraining

Höhenprofil

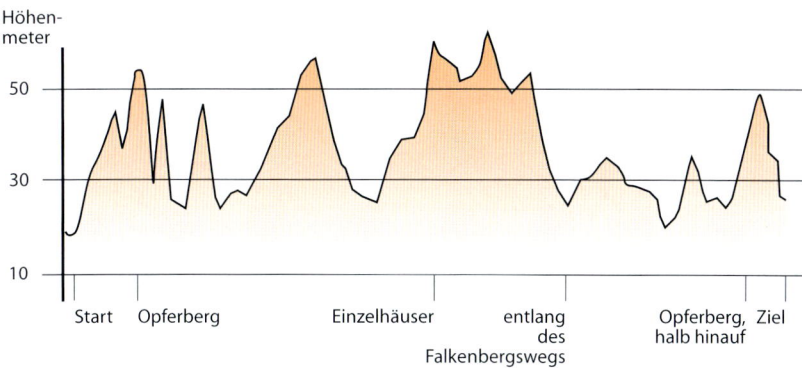

Streckentelegramm

Parkplatz Opferberg direkt am Sportplatz +++ bergan in den Wald hinein am Schild »Naturschutzgebiet« +++ in einer 300-Grad-Kurve den steilen Weg bis auf den Gipfle des Oferberges +++ nach rechts hinunter ins Tal +++ gegenüber liegenden Hügel hinauf +++ in einer Linkskurve wieder in das gleiche Tal hinunter +++ dem Pflock mit der blauen »8« folgen +++ in den Tannenwald +++ Scharpenbargsweg bis zu Einzelhäusern +++ hier rechts +++ nach 200 m halb rechts hinauf auf die Anhöhe +++ grandioser Blick auf die Heide +++ links hinunter ins Tal + ++ unten im Tal der blauen »8« folgen +++ links hinauf +++ nach 600 m sandiger Weg bergan, orangefarbiger »8« folgen +++ Weg führt nach rechts ins Tal hinunter +++ Siedlung »Falkenbergsweg« +++ vor Einzelbungalow rechts in den Weg hinein +++ Waldweg parallel der Straße »Falkenbergsweg« +++ Scharpenbargsweg +++ noch einmal den Opferberg zur Hälfte hinauf +++ auf halber Höhe nach links um den Opferberg +++ zurück zum Parkplatz

Fischbeker Heide

© LAS Verlag

Der Harburger Außenmühlenteich (Harburger Stadtpark)

Streckenprofil

Streckenlänge:

> 2,9 km: kleine Runde;
>
> 4 km: erweiterte Runde

Bodenbeschaffenheit:

> Planierte Sandwege, Asphalt

Geeignet für:

> Anfänger, Fortgeschrittene

Treffpunkt:

> Schwimmbad »Midsommerland«

Besonderheiten:

> Das »Midsommerland« ist einen Besuch wert!

Sonstiges:

> Verlängerung der Strecke zum Flüsschen Engelbek

Streckentelegramm

Schwimmbad »Midsommerland« + + + Ausflugslokal »Hornbachers Außenmühle« + + + am See entlang + + + lang gezogene Holzbrücke über Feuchtwiesen + + + Teich- und Sumpflandschaft am Südufer + + + Grillwiesen + + + Schrebergarten am Ostufer + + + Schwimmbad »Midsommerland«

Der Harburger Außenmühlenteich
(Harburger Stadtpark)

Der Fit-imPuls-Alstermarathon

Streckentelegramm

Carl-Cohn-Strasse/Ohlsdorfer Strasse + + + Alsterdorfer Damm + + + Alsterwanderweg (Sengelmannstraße) + + + rechts der Alster + + + Am Hasenberge die Alster queren + + + Justus-Strandes-Weg + + + Ratsmühlendamm unterqueren + + + Alsterwanderweg + + + Kortenland + + + Brücke Hohenbuchenpark + + + Mellingburgredder + + + Alte Mühle + + + Alsterwanderweg + + + Kortenland + + + Alsterwanderweg + + + Trillup + + + Alsterwanderweg + + + Rodenbeker Quellental + + + Haselknick + + + Wiese hinter Campingplatz (Wendepunkt) + + + Alsterwanderweg + + + Rodenbeker Quellental + + + Trillup + + + Alsterwanderweg + + + Kortenland + + + Twietenkoppel rechts + + + Huuskoppel + + + um die Pferdekoppel herum + + + Mellingburger Stieg + + + Lehmsahler Landstrasse + + + An der Alsterschleife + + + zur Alster zurück + + + Hohenbuchenpark + + + Alsterwanderweg + + + Ratsmühlendamm + + + Justus-Strandes-Weg + + + Am Hasenberge (Straße queren) + + + rechts der Alster + + + Sengelmannstrasse unterqueren + + + Djakartaweg + + + Manilaweg + + + Brücke über Ring 2 + + + auf Stadtparkwegen zur Jahnkampfbahn + + + Ziel

Der Fit-imPuls-Alstermarathon

GLASHÜTTE

LEMSAHL-
MELLINGSTEDT

NSG
Rödenbeker
Quellertal
Haselknick

Bredenbek

Triftlucht

BERGSTEDT

Lehmsahler Landstr.

Kluskoppel

Rödenbeker Str.

Kuhredder
Treudelberg

Kortenland

POPPENBÜTTEL

Hohen-
buchen-
park

A. d. Alsterschleife

Alsterwanderweg

Mellingburgredder Allee

LANGENHORN

Henne-
berg-
park

HUMMELSBÜTTEL

Saseler Damm

Poppenbütteler Landstr.

B434

S

Alte Landstr.

FUHLSBÜTTEL

Brombeerweg
Teezpark

Alster

Wellingsbütteler Weg

S

S

WELLINGSBÜTTEL

Flughafen
Hamburg
Fuhlsbüttel

Fuhlsb. Str.

Mühlen-
teich

B433

Justus-Strandes-Weg

OHLSDORF†

Maienfug.

Sengelmannstr.

S

BRAMFELD

START

Alsterdorfer Str.

S

Alster

C.-Cohn-Str.

Hindenburgstr.

Maxstr.

Maniaweg

S

ALSTERDORF

Jahnring

Planetarium

ZIEL

Jahn-
Kampf-
bahn

Stadtpark

S

Linnering

Südring

S

© LAS Verlag